CORSO

KLAUS KUFELD

Mir san mir

München, Bayern und der Rest der Welt

CORSO

Für meine Münchner Nichte und Neffen
Nikoline, Demian und Elias
und
zum Gedenken an meine Mutter Stefanie

ACH, DIE BAYERN!

Lange bevor der Fixstern München zu leuchten begann, glaubten die Bayern fest, ihr Land sei eine Scheibe, um die sich die Welt dreht. Erst als der Klerus begreifen musste, dass die Erde eine Kugel ist, gaben sie sich einsichtig und bereinigten ihr Weltbild auf ihre Art, um weiterhin im Mittelpunkt zu stehen. Sie ließen sich verschiedene bayerische Könige erschaffen, die ihnen ihr Land abgrenzten und ihnen Schlösser bauten, sie erfanden das Bier (ihr erstes Sakrament) und mit ihm gleich das Oktoberfest (zuerst getarnt durch ein Pferderennen), sie sammelten allerlei Kunst, gaben sich ein typisches Gewand und besangen ihre schöne Landschaft. Auf diese wunderliche Weise wurden sie wieder zur Drehscheibe, für sich selber und für den Rest der Welt. Als Achse darin ließen sie München fortan walten, und so schön Regensburg, Nürnberg und Würzburg auch sind, sie müssen die Gravitation seiner wundersamen Mischung aus Kunst und Bier zähneknirschend hinnehmen, um nicht zentrifugal aus dem System Bayern herausgeschleudert zu werden.

So ist Bayern, sagt die Legende, ein charismatisches Land geworden, das sich seine eigene Weltauffassung erschaffen hat. München hat nur ausgesprochen, was längst alle denken:

Mir san mir.

Aber ist nicht alles über München und Bayern in den schönsten Worten bereits gesagt? Von echten Bayern wie Oskar Maria Graf und von Wahl-Münchnern wie Wolfgang Koeppen, von Vertriebenen wie Thomas Mann und von ewigen Liebhaberinnen wie Annette Kolb. Oder ist da doch immer ein *Rester'l* Unklarheit übrig geblieben, oder gar Fragen, die man bisher nicht zu stellen wagte? Nicht danach, wie die Bayern sind, sondern, warum sie geworden sind, wie sie sind. Und

Abbildung S. 2:
Allegorie Bayerns: die »Bavaria«
am Rande der Theresienwiese

auch danach, wie sich das Mysterium München zum Rest der Welt verhält – und der Rest, das ist immerhin schon Bayern.

Auffällig ist, dass die Bayern beginnen, sich stärker mit sich selbst zu beschäftigen. Unlängst erst gab der Bayerische Rundfunk eine größere Studie zum Bild und Selbstbild der Bayern heraus, die in »Ansichtssache Bayern« höchst interessante Einsichten zeitigte. Auch kulturelle Momentaufnahmen wie die Veranstaltungsreihe »Bayern jetzt!« in der »Pasinger Fabrik« nahmen den (auf)fälligen Wandel im Land ins Visier. Schließlich wirkten spektakuläre Ausstellungen wie »Typisch München«, zum 200. *Wies'n*-Jubiläum im Münchner Stadtmuseum, und auch in der Monacensia, und »Götterdämmerung« auf Herrenchiemsee zu König Ludwig II. keineswegs nur wie Pflichtprogramm. Was bedeuten diese Aufnahmen mit Selbstauslöser und Tiefenschärfe? Reicht das *Mir san mir* als »Argument« allmählich nicht mehr aus? Sind sich die Bayern etwa selbst suspekt geworden? Oder sind sie rauschig von Ruhm und Bewunderung zwischen Dax-Hauptstadt, *Kini*-Mythos, Oktoberfest, Schlössern, Kunst und Olympia?

Dem näher zu kommen, nehme ich eine besondere Perspektive ein: Ich bereise als Bayer mein eigenes Land, das bringt Süße in manche Enttäuschung und Salz in manche Gewohnheit. Ein Glück dabei, dass die bayerische Vita nicht in Passau oder München endete, denn dann wäre die Zukunft immer Gegenwart geblieben. Je weiter weg von Heimat, desto näher kommt sie. Das hätte ich dann mit Oskar Maria Graf gemeinsam, auch wenn ich im Woanders der Welt nicht – wie er in New York – mit Lederhosen herumlaufe und längst hochdeutsch spreche und denke, obwohl ich bairisch träume und schimpfe. Die Aorta nach Bayern und München wird im Abstand sogar noch wichtiger, auch wenn bei aller Bewunderung das Gefühl zur Herkunft unbestechlich bleibt.

Ein Bayer auf Reisen macht die nachhaltige Erfahrung, dass ihm sein Verhältnis zur Volkskultur und Tradition zurechtgebogen wird. Er spürt, dass im Konservatorium und kulturellen Gedächtnis eines Volks, einer Gegend oder einer Stadt sich der Schlüssel zu dem befindet, was sie im Innern ausmacht und was sie wirklich umtreibt. Und er ahnt:

Auf diesem Boden erzählt man sich Geschichten, feiert man Feste, leben die Mythen, ja hat sogar die Politik ihr Gewissen. Jede Gegend ist stolz auf ihre kulturellen Ahnen, und die Worte ihrer Dichter altern nie, so fortschrittlich man sich auch gibt.

Es gibt aber auch Gegenden oder Städte, die an ihrer Tradition ersticken. Nicht nur im Hinterland, das sich gegen den Fluss der Zeit aufstellt, auch im Gewusel der Städte selbst, wo trächtige Geschichte und mythenlastige Tradition den Fortschritt ausbremsen. – Dort *herrscht* Ruhe.

Nun, es ist das Geheimnis mancher, seltener werdender Städte, dass sie ausgerechnet der Traditionskultur einen Platz an der reich gedeckten Tafel des globalen Fortschritts einräumen. Städte, die dies tun und können, schaffen das Paradoxon, Tradition so zu behandeln, als sei sie schon immer Zukunft gewesen.

... und hier *leuchtet* München.

Wem auch leuchtet München nicht! Dieser Reichtum an allem, dieser Süden an Deutschland, dieses Faszinosum zwischen Kunst und Bier, Heimat und Hightech, Mythos und Marke, zwischen Licht- und Bannstrahl: Erzeugen sie nicht Sehnsucht? Aus den Kontrasten hat sich klammheimlich ein Grundgefühl eingeprägt, eine seltsame, meist unausgesprochene Mischung aus Verteidigung und Angriff – die da heißt: *Mir san mir*.

Aber es wäre ein Irrtum zu glauben, es handle sich hier nur um die hemdsärmelige Mentalität eines Fußballclubs an der Säbener Straße, denn der hat es sich nur zum Kult gemacht, das Bessersein auch noch mit dem Beigeschmack der Häme zu pfeffern. Nein, *Mir san mir* ist keine Allüre, keine Laune, keine Wichtigtuerei, sondern das kollektive, die Grundeinstellung steuernde Argument. Mit jedem Bier und mit jedem Theaterbesuch schaltet die Einstellung automatisch auf »reset«.

Das kommt nun ausgerechnet dem nahe, was die Bayern am meisten hassen, nämlich radikal zu sein. Ob Bauer oder Brauer, ob Bürgermeister oder Bischof, man denkt erdverbunden, glaubt an ein Schicksal und handelt fundamental, alles *net bloß a bisserl*, sondern *g'scheit**. Das radikale Fühlen ist ein Seelenpolster, auf dem es sich bestens mit

* Dialektale Begriffe sind *kursiv** gesetzt und werden – wenn nicht selbstverständlich – im Glossar (siehe Seite 134 f.) erklärt.

Kontrasten lebt: kunstbeflissen zu sein und doch auch der Biergartenschwärmer, im Museum sich gleichermaßen angekommen zu fühlen wie in der »Allianz Arena«, Stadt und Land als Verwandte zu erleben. Und: Ein Bayer spricht gerne in der Wir-Form, im »ethnischen Pluralsubjekt« (Werner Spies/FAZ). Das »*Mir-san…*« integriert ihn, macht ihn gelassen und gemeinschaftsfähig, bietet Schützenhilfe, wenn er mal *z'wider** gelaunt ist – und es wertet den Einzelnen auf: »*Mir san Papst*«.

Die Bayern sind ein Echtzeitvolk. Vergangenheit wird als Resümee aller Erfolge erlebt: *'s war scho allerwei' so*, darin die Tradition eine Art Versicherung für die Zukunft; Gegenwart wird notorisch bestätigt: *'s is', wia's is'*; und der Zukunftsbegriff beißt keinen Geduldsfaden ab: *Schau'n mer mal* und *'s wird scho*. So machen sie ihre Art zum subversiven Signal an den Rest der Welt, schräggedacht nach Herbert Achternbusch:

Wir verändern uns, weil wir so bleiben, wie wir sind.

Dem Schreiber dieser Zeilen ist bewusst, dass die Antastung der Tautologie *Mir san mir* Widerspruch provoziert. Immerhin haben sich ihre Erfinder die Antwort auf eine nicht gestellte Frage schon selbst gegeben. »Tief in Bayern« herumzugründeln, wie das der texanische Ethnograph R.W.B. McCormack tut, kann die Facetten der Eigenart erklären, aber dahinterkommen? Ungewollt führt uns der Kulturkritiker Roland Barthes auf die Fährte der Art der Bayern:

»Die Tautologie befreit von der Notwendigkeit, Ideen haben zu müssen, brüstet sich aber damit, aus dieser Freiheit ein hartes moralisches Gesetz zu machen; daher ihr Erfolg.«

Jedenfalls scheint es, als habe der Bayer mit dieser emotionalen Denkweise sein Wildsein gebändigt und zu seiner Stammeskultur erklärt. Fundamentalkultur mit Breitbandwirkung, in der sich jeder Bayer wiederfindet: Barock, Jugendstil, Schlösser, Kirchen, Alpen, Seen, Bier, Mythen – Heimat. Zugleich ist die Vielfalt der bayerischen Eigenart von schwüler Dichte und kaum zu erfassen. Um wenigstens das Wesentliche an ihr herauszubringen, beschränke ich mich weitestgehend auf das sogenannte Altbayern und würze das Eigensein mit dem besonderen sprachlichen Pfeffer des Dialekts. Die sympathischen Franken und Bayernschwaben werden mir hoffentlich nicht gram; vielleicht reiben sie sich ja sogar klammheimlich die Hände …

München und Bayern sind wie Geschwister, die gerne streiten, aber dann zusammenhalten, wenn der Rest der Welt auf sie schaut.

Also: *Schau'n mer mal.*

WIR SIND STADT

*München war die individualistischste Stadt der Welt;
die Menschen sind dort nicht besser und nicht
schlechter als anderswo. Aber der Boden war für das
Ausgefallene weit aufnahmebereiter als andernorts.*
ANNETTE KOLB, 1934

*Es ist nicht gut, mich nach München
zu fragen, denn ich bin in München verliebt,
und Verliebte reden Torheit.*
WERNER BERGENGRUEN, 1934

NACH ISARMETROPOLENDORF

»Abenteuer. Bühne. Das freie Leben. Eine heftige Beziehung, voller Überraschungen.« In ihrer Liebeserklärung an München beschreibt die Schriftstellerin Barbara Bronnen ihrem Verehrer in Hamburg, warum es sie als Linzerin nach München gezogen hat und warum es ihr dort warm ums Herz geworden ist. In den verlockendsten Worten macht sie ihm das schmackhaft, und es gelingt ihr sogar, ihn herzubringen. Weil München eine »Persönlichkeit« ist und »Schönheitssinn und Vernunft befriedigt«. Die Herausforderung aber ist: Diese Stadt will ganz und gar erobert werden und erwartet, dass man ihr den Hof macht. Bei aller Tradition gibt sie sich immer jugendlich und strotzt vor Energie. Es ist bestimmt kein Zufall, dass der Jugendstil in München erfunden wurde.

Gott sei Dank auch, dass jedes München seine Jugend hat, die es auf ihre Weise liebt. Es ist das Privileg des Neubeginns: *Mir san mir, aber anderst.* »Du hast keine Chance, aber nutze sie.« Achternbusch hat damit nur gesagt, was *wir* denken.

Auch mein München ist ein Jugendtraum. Für den niederbayerischen Schüler die Welt schlechthin. Passau der Trip, München das Ziel. Frisch entpuppte Reiseschmetterlinge im Bauch. Ein aufgeladener, wie vom übrigen Bayern enthobener Ort. München keine Flucht, sondern eine Ankunft: *Minga**, der gefühlte Kuss der Stadt.

Wer vom Land kommt, bringt den Druck auf den Ventilen seiner Sehnsucht mit. Und hier war München zwar das große Dorf, aber auch das weite Feld des Anarchischen. Im Underground tobte die Rockkultur der lauten Musik in einer auf den Kopf gestellten Welt. Viele schillernde Plätze machten von sich reden: Circus Krone, Theater der Jugend, Herkulessaal, P1. Jimi Hendrix trat auf und Black

vorhergehende Seite:
Treffpunkt der Schwabinger Bohème:
»Der Alte Simpl« in den 1920er Jahren

Sabbath und John Mayall. Und Amon Düül, die Münchner Version von »Velvet Underground«, mit Uschi Obermaier, die als *Schöne Münchnerin* auf dem Titelbild der »Twen« und der »Konkret« prangte, zum Herzeigen für alle Welt. An der *LMU** spielte Rot gegen Schwarz die Hölle, überall Inseln des selbstermächtigten Klassenkampfs, Kommunen-Imitate in der Giselastraße und der »Aktionsraum« um den Goetheplatz übten sich in schwedischer Freizügigkeit und politisierten das bacchantische Leben. Und das frühe *Fensterln* mit der Welt beim Kult-Eis von »Sarcletti«, beim besten Conejo im »Centro Español« und beim Nasi Goreng im sagenhaften »Bali«. Das Verbotene verhieß Freiheit. Weißbier und *Weißwürscht'*, das sollte noch der absoluten Mehrheit gehören, derweil die bürgerliche Schickeria in Schwabing schon ihren Neureichtum vershoppte. Beckenbauer kickte noch in der Regionalliga, Giesing war mit seiner Kleinkunst noch das Dorf.

Von Erfolgsbesoffenheit nirgends eine Spur.

Dafür Jugend pur. Die legendäre »Münze 7« in der gleichnamigen Gasse, das war der Drive für unser erstes universales Experiment. Umzingelt von Residenz, Staatsoper, Hofbräuhaus und Kammerspielen die schrägste und lauteste Disco; die Indien nachempfundene Meditationskultur; das erste makrobiotische Restaurant; unten Shit und Schwarzer Krauser, oben Nichtraucheresoterik – alles unter einem Dach, wo sich die kommende Schicht der Schönen schon ihr eigenes globales Dorf erschuf.

Die Neuzeit gab es nicht geschenkt. Das Grelle, kontrastiert am Schwarzen, war der Sog nach vorn.

In einem übertragenen Sinne ist München immer eine »Stadt der Bewegung« geblieben, nur heute waren die Bewegung *wir*. Wir gaben ihr den Vorzug gegenüber der Inselzone Berlin, dem Eldorado der ganz Entrückten, aber eigentlich Heimatlosen. Im Jenseits von Bogenhausen, Lehel oder Grünwald kosteten wir noch das Flair des bohèmehaften Schwabing aus, im Eiscafé in der Leopoldstraße, im »Bierkeller« an der Münchner Freiheit oder im Wirtshaus »Weinbauer« in der Fendstraße. Das war Dorfkult in der Isarmetropole. Im »Weinbauer« fügten sich dann die ersten ungleichzeitigen Begegnungen, wenn der Psychologie-Dozent von soeben plötzlich von Ibsen und Rilke erzählte, sogar von Lenin, der in der Nähe als bürgerlicher Herr Meier untergetaucht war; wie es nun zu unverhofften Versöhnungen mit dem Klischee der Münchner Gasthauskultur kam und Schweinsbraten und Weißbier plötzlich zu schmecken begannen; wie uns in der »Gaststätte Leopold« in den Kopf stieg, dass Valentin da seinen allerersten Auftritt hatte; und wie wir den Polt oder die Schygulla in der Kneipe trafen, einfach so.

Es hat seinen guten Grund, dass Wirtschaften wie der »Fraunhofer« (mit Kleinbühne), »Heppel & Ettlich«, »Beim Sedlymayr« oder der »Weinbauer« das Haltbarkeitsdatum »ewig« tragen; für den Altmünchner Hans Magnus Enzensberger, der um die Ecke wohnt, ist der »Weinbauer« noch heute »etwas Zuverlässiges«. Da kommt etwas zusammen: Treue zur Tradition und Treue zu sich selbst, wenn es nicht gerade der »Donisl« oder das »Hofbräuhaus« ist.

Und doch geriet Schwabing dann über Nacht zum Auslaufmodell. Frust kam auf. Gefundene Fressen für »tz« und Konsorten. Langsam braute sich der Stoff für »Kir Royal« zusammen. Dafür schwappten die trendigen Szenen nach Haidhausen und Neuhausen und so manche Party in das Umland nach Gilching, Germering oder Haching. Das Glockenbachviertel war zu jener Zeit noch verschlafen. Wir hausten am Gasteig, in der Inneren Wienerstraße, in einer skurrilen WG, die das Getümmel der Wahlmünchner zu versammeln schien. Man las Nietzsche, ohne ihn zu verstehen, hörte die Stones und entdeckte Ginsbergs und Bob Dylans Texte. Für den Münchner Vermieter war die Kommune die Revolution schlechthin, weshalb wir alle paar Wochen zu ihm zitiert und mit irgendwelchen Vorschriften zur Hausordnung und anderen Überraschungen aus dem Kreisverwaltungsreferat beglückt wurden, immer mit dem Ziel, München von dem zu bereinigen, was Franz Josef Strauß später mit »Ratten und Schmeißfliegen« zusammenfassen wird. Ein Dorn im Auge auch das Edelcallgirl Salma, unsere Vis-à-vis-Nachbarin, eine exaltierte, monachische »Irma la Douce« von trauriger Schönheit, bei der die Crème der Münchner Promis ein und aus ging und an unserer Tür vorbeischlich. Der »royale« Klatsch war plötzlich real. Und sie erzählte uns augenzwinkernd von den luxusgeilen Sauereien, wenn sie uns bisweilen, völlig abgetakelt, besuchte und mit uns die süßsauer verdienten Scampis verschlemmte, offiziell zum Dank, weil sich ihr Schmusekater über den Dachsims der Mansarde zu uns verirren durfte. Oder sie schleppte uns ins großkotzige »Tiffany« an der Münchner Freiheit ab, wo sich die Schwabinger Dekadenz immer noch hartnäckig austobte, und konfrontierte uns mit der verkehrten Welt der Nachteliten Münchens. Wir, die Edelhure und die Kommunarden, fühlten uns säuisch gut und seltsam solidarisch inmitten der »schimmerlosen« Welt.

Flucht nach vorn. Jugend gab nun *ihren* Ton an: WGs, neue Kulturorte wie die Alabama-, Neger- und Muffathalle, später der Kunstpark Ost auf dem Pfanni-Gelände und das Tollwood-Festival waren auch »Jugendstil«, im Abstand zum eingemachten, konservativen *Mir san mir.* Mit uns tankte München gespritztes Echtzeitdenken, das eigene, unverdorbene Vorstellungen von politischer Hirn- und Herzkultur hervorbrachte. Die Stimmen der lange Zeit Ungehörten wurden bald zum x-ten Remake eines nach vorne schauenden München.

München war vielleicht die erste Stadt, die den tieferen Sinn des Bonmots von Karl Valentin begriffen hat, dass Kunst Spaß macht, aber auch viel Arbeit. Nämlich: Was Sehnsucht nach München erzeugte und Spaß an ihm machte, floss als Energie auch in die Arbeitswelt. Die Stadt der Kontraste ließ den hohen Anspruch und den eigenen Ehrgeiz sich reiben. Und wie viele Aussprachen fanden im Biergarten schließlich ihr Rund: *Dös pack' mer scho!*

Auch die Jugend witterte da neue Horizonte. Heute, mit großem Abstand, kann ich sagen, dass die eigentlich zufälligen Jobs kein Zufall waren. Irgendwie hatte ich es mit der Post, dem Arbeitsort, wo die Fäden auf Reisemünchen zuliefen oder von ihm ausgingen. Zuerst der Job bei der Fernmeldeauskunft, wo man München freihändig auswendig lernt, dann bei der *Pak'lpost* am Färbergraben, wo *stierng'nackige** Kerle das Münchner Telefonbuch eigenhändig zerreißen und Weißbiergläser fressen konnten. Dann schon der distinguiertere Job bei Helmut Markwort vom »Gong«, gegenüber der Edellocation »Käfer«, wo die Illustrierten-VIPs von Erni Singerl bis Dieter Hildebrandt

Münchner Celebrity spielten, und so mancher Botengang zur legendären »Twen«. »Kir Royal« hatte hier schon sein langes Vorspiel.

Wer vom Land kommt ist mit Georg Simmel überzeugt, »nicht die Landluft, die Stadtluft macht frei«. Denn was nutzte gute Luft, die stillstand. Kommt aber Landluft in die Stadt und dort erst einmal in Bewegung, dann entsteht eine unausgewaschene Energie, mit wie neugeborenen Seelen, die München als frischen Wind erleben.

Kein Zweifel, es ist die Provinz, die der Weltstadt München Charakter mitgab. Und seine erneuerbare Energie heißt: Jugend.

Die Muffathalle in München-Haidhausen

AUS EIGENSINN

München ist eine Persönlichkeit mit Charakter, einem starken Willen, mit Frohsinn – und Charisma. Aber ohne Eigensinn, der eine Mischung aus eingeprägter Überzeugung und gesundem Egoismus ist, geht das alles nicht. München ist so eine Stadt mit Eigensinn, *g'sturschädlert** und doch herzensoffen.

Im Wandel der Zeiten gibt sich München, was ihm sein Barometer anzeigt: unveränderlich heiter. Es gibt da eine Gravitation, die es immer wieder in seine Mitte einpendelt und sein Verhältnis zum Rest der Welt bestimmt. Seit über hundert Jahren strömen die Sehnsüchtigen in das Epizentrum der kulturellen Erdbeben, trotz Berlin und Hamburg. Denn dieses besondere, schon sehr südliche Lebensgefühl hat nördlich von Mailand sonst keiner.

Schließlich mischen sich seine Kratzbürstigkeit und sein Charme, seine Widersprüche und seine Erfolge zu Gefühlen, die dann wie bei Wolfgang Koeppen in ein Resümee münden: »Muß man München nicht lieben?«

Ich liebe Städte, die Mittelpunkt sind, weil sie einen Mittelpunkt haben. Er ist dann meistens das Herzstück, wo der Ausgang der Geschichte touristisch auf den Punkt gebracht ist und wohin es die Menschen drängt, wenn es etwas Besonderes zu feiern gibt. Der Karlsplatz in München (im Volksmund: *Stachus*) ist der geographische Mittelpunkt, der emotionale der Marienplatz. Er ist eine moderne Agora, Ort für Verkündigungen und Selbstvergewisserung. Hätte das Münchner *Mir san mir* einen Ort, dann diesen. Ein urbaner Thron für alle! Präsentationskultur unter dem willkommenen Verdacht, sich als die Mitte der Welt zu fühlen. Das muss man sich so vorstellen, dass »man« in München der Sportschau nicht glaubt, dass Bayern München deutscher Fußballmeister geworden ist, bevor nicht ein leibhaftiger Beckenbauer oder Schweinsteiger die Meisterschale vom Rathaus herunterzeigt und der Menge sagt: *Ja, schaugt's her, mir ham's g'schafft*. Und dieses »Mir« geht dann in ein »Ihr« über: *Ees aa*, Ihr auch! Die Münchner sind immer der zwölfte Mann.

Der Marienplatz mit seiner ungeheuren Präsenz zieht auch magisch an. Um die Mariensäule mit der Statue der Schutzpatronin Bayerns, die sogar die »Bavaria« sein könnte, tummeln sich die Touris. Sie lesen die Inschrift: »Dem allergütigsten großen Gott, der jungfräulichen Gottesgebärerin, der gnädigen Herrin und hochmögenden Schutzfrau Bayerns hat wegen Erhaltung der Heimat, der Städte …« und so weiter und ahnen vielleicht, wie das Land denkt und fühlt. Das muss das Herz Münchens sein. Doch gleich, vor dem Rathaus mit seiner restaurierten Neugotik, wird es bodenständig weltlich, die Besucher vertiefen sich folgsam in seine Ornamente, sehen live den bekanntesten Balkon Deutschlands, den Ort der Auslobungen öffentlichen Glücks, und warten zur vollen Stunde auf das Glockenspiel beim *Schäfflertanz**. Reisetrunken gehen sie die Kaufingerstraße hoch und stehen schnell vor ihr, der Frauenkirche höchstpersönlich. Sie ist das München-Symbol schlechthin, das Stefan George mehrdeutig noch ins erotische Bild setzte: »wo Unser Frauen Türme ragen«; oder gar Andy Warhol: »very sexy«. Das Pathos der Präsenz ist perfekt – ein Gefühl des Ankommens. »Wie eine Glucke sitzt die Kirche mitten in der Stadt«, so Koeppen, und es führt auch kein Weg an ihr vorbei. Gedacht, getan, so findet man sich im Dom nun ganz in der Seele Münchens wieder, wo das Bodenständige leise in den Heiligtümern aufgeht. Für eine ganze Weile sind Kunst und Kommerz, Bier und *Brez'n* vergessen, die bedächtigen Momente lassen einen ruhen und von innen heraus erst öffnen – für die Münchener Theken des Trubels und der Tradition.

Vom Marienplatz strahlt München sternförmig aus. Die ganze Vielfalt der Geschichte, der Kultur und der Genüsse erschließt sich hier auf engstem Raum. Asamkirche, Valentin-Karlstadt-Musäum, Hofbräuhaus, Residenz, Maximilianstraße, Hofgarten, alles fußläufig. Aber so viel Zeit kann der München-Reisende gar nicht haben, um über das »Programm« noch hinauszukommen; was die »Süddeutsche«

über »das eigentliche Viktualienmarkt-Gefühl« schrieb, dass es sich erst dann einstellt, wenn man nichts kaufen muss, gilt auch für den wahren Erkunder: Erst die kleinen, unscheinbaren Dinge lassen das *München-Gefühl* aufkommen. Der Reiseführer zwar in der Tasche, bringt einen die Mass Bier oder *Radler* (Bier mit *Kracherl**) mitunter auf wunderbare Gedanken, die immer zum Verweilen einladen, ob im Café »Tambosi« am Hofgarten oder im »Schelling-Salon«. In München wird auch nicht abgeklappert und besichtigt, sondern begangen, hingegangen, hingeschaut, niedergesetzt, herumspaziert – und dann genossen. Alles *schee g'miatlich**. So hört München niemals auf.

Zum Magneten wurde München aber nicht als touristische Attraktion, sondern weil es Sehnsüchte auslöste. Das Trendige an München mag heute einer in Haidhausen oder im Glockenbachviertel suchen und vielleicht auch finden, aber das *München-Gefühl*?

Es lohnt ein kleiner Blick zurück, hinter die Kulissen des Vorzeigemünchens, und man landet unweigerlich in *Old Schwabing*, der anderen, ehrwürdigen, gefühlten Mitte, wo einst Dorf und Stadt aufeinanderprallten, wo die unnachahmliche Bohème zündete. Intellektueller Geist um den Geschwister-Scholl-Platz und die Schellingstraße hoch, Kneipen, Antiquariate, Shopping, alles mit dem luftigen Auslauf des Englischen Gartens. Dort kann man auf eine andere Weise rauschig werden.

Schwabing zog schon in der Prinzregentenzeit alle möglichen Geister an, die das Fremde hereinbrachten. Das Fremde verliebte sich in München, machte ihm den Hof. Und München, jung mit alt vermischt, begann gastfreundlich, *g'miatlich*, herzensoffen zu wirken und leger seine Gegensätze ineinanderfließen zu lassen.

»München war die individualistischste Stadt der Welt; die Menschen sind dort nicht besser und nicht schlechter als anderswo. Aber der Boden war für das Ausgefallene weit aufnahmebereiter als andernorts.«

Was die Schriftstellerin Annette Kolb da schwärmerisch eingesteht, hing mit der Sehnsucht zusammen und besonders mit der Freiheit, die München versprach. Es war die Zeit, in der man die schrulligen Künstler und verträumten Dichter »im Dorf« gewähren ließ, so lange, bis sich die »Seltsamkeit ihr Lebensrecht« erwirken konnte. Für Erich Mühsam geht der Gründungstypus des echten Schwabingers bis auf den Religionsphilosophen Franz von Baader (1765–1841) zurück. Lange vor dem Entstehen der Bohème wurde das noch völlig abgelegene Schwabing von Sonderlingen und Querdenkern bewohnt; eine der auffälligsten Figuren war Baader, der zwar keinen großen Bekanntheitsgrad genießt, aber von Goethe, Novalis, Humboldt oder Bloch seines Freidenkertums wegen hoch geschätzt wurde. Seine Bedeutung sieht Mühsam auf der Linie der Ausnahmeentwicklung des Münchner Vororts: »Schwabings auffällige Minderheit bewirkte bei der unauffälligen Mehrheit, daß sie nicht mehr auffiel.« Schwabing zelebrierte diesen Typus, der das Neue nicht einfach importierte, sondern im Alten wirken ließ. Mit Schwabing wurde München das Kontrastprogramm zum schnelllebigen Berlin, zu seinem Glück, wie Max Halbe feststellt:

»Hier auf uralt bajuwarischem Bauernboden, unter vielfach noch ganz urtümlichen Lebensverhältnissen, die der heranwachsenden Halbmillionenstadt den eigenen Reiz des Primitiven verliehen, ja für viele Fremde eine fast perverse Anziehungskraft besaßen, hatte der (...) frisch importierte amerikanische Mammutismus kein sehr günstiges Erdreich vorgefunden.«

Gerd Holzheimer sieht Schwabing schließlich als die »Synthese von Kraglfing und Wahnmoching«: »Kraglfing«, die Erfindung Ludwig Thomas (1897), steht für die dörfliche, heimatverbundene Lebensart, »Wahnmoching«*, die Erfindung von Franziska zu Reventlow (1913), für Avantgarde und Weltoffenheit.

Darin, dass sich das Junge nicht allein auf das Neue verließ und das Alte sich aufnahmebereit zeigte, lag das Geheimnis der Synthese. München entfaltete seine Energie, Raum für die freigeistige Bohème und die charmante Mischung aus Geistmünchen und Herzmünchen. Max Halbe beschreibt die Atmosphäre von München in »Jahrhundertwende« (1935) als »lauter unkörperliche, flüchtige, enteilende Beziehungen zwischen den Dingen, im Einzelnen nicht sichtbar, nicht greifbar, als Ganzes ein einmaliger, nichts anderem vergleichbarer

Lebenskomplex. (...) Und überall doch in den breiten marktähnlichen Straßen der Altstadt, in dem bachdurchzogenen Herbergengewimmel der Vorstädte guckte noch die Kleinstadt, guckte noch das Dorf in den neuen Aufbau der sich weitenden Großstadt.«

Beides, behäbig-dörfliche Gangart zu pflegen und das Bewusstsein, Residenzstadt zu sein, sorgte für die besondere, energiegeladene Spannung:

»Das gab Brechungen, Kreuzungen, Überschneidungen von unerhörtem Reiz, perspektivische Durchblicke und Fernsichten, zumal unter italienisch-blauem Föhnhimmel, die den unter kargerer Sonne Geborenen berauschten und entzückten.«

Im lange nachhallenden Echo der Ludwig-Ären und in der großväterlichen Politik der langen Leine des Prinzregenten Luitpold fand das kreative Bürgertum seinen Freiraum in der »naiv gastlichen Stadt« und die »wundervolle Anonymität des Lebens und des Schaffens, im Gegensatz zu dem grellen Tageslicht etwa der Berliner Öffentlichkeit.« Nicht nur für Max Halbe muss es ein großer Reiz gewesen sein, »gegen den Stachel zu lecken und als recht lebendige Hechte in den beschaulichen Münchner Literatur-Karpfenteich zu springen.«

So gingen in der Prinzregentenära Kunst und Heimat, Stadt und Dorf eine Ehe ein und brachten ziemlich verrückte Kinder hervor. Gräfin zu Reventlow spricht 1913 die »Münchner Freiheit« vielleicht für die ganze Wedekind-Generation aus:

»Wahnmoching ist eine geistige Bewegung, ein Niveau, eine Richtung, ein Protest, ein neuer Kult oder vielmehr der Versuch, aus uralten Kulturen wieder neue religiöse Möglichkeiten zu gewinnen.«

Die wittelsbacherischen Gesten und der Humus der Kreativität reichten schließlich aus, um sich später auch von der Einbräunung der goldenen Jahre und vom Scheitern des grellroten Leuchtfeuers der Räterepublik und manch dumpfem Nachgeschmack wieder zu erholen. Mehr noch: München schaffte es, sich seinen Eigensinn zu erkämpfen und – in Eigenregie – eine Art »kreativen Stillstand« zu pflegen. München war und blieb die Stadt für Kunst und Freiheitsversprechen, die Stadt der gelebten Kontraste.

Das heutige Schwabing ist vom Zeitgeist längst entzaubert, aber das bedeutet nicht, dass es sich aufgelöst hat. Nein, es ist nur Legende und »gehört« heute einfach *seiner* Generation. Immerhin haben Fassbinder, Achternbusch, Kroetz, Polt und schließlich »Kir Royal«, die das Intermezzo der Schickeria schonungslos kompromittiert haben, München seinen Stolz zurückgegeben, auch den Stolz auf seine Kultur des Buchs und des Theaters und der Gelassenheit.

Gut, dass München längst wieder seine eigene Gravitation und seinen unveränderlich heiteren Barometerstand hat. Wie eh und je erackert sich die heutige Jugend ihre Furchen in der Tradition, tobt sich im Glockenbachviertel aus – und morgen wieder anderswo.

HERZKÖNIG!

Münchens leuchtende Marke ist auch von den Mythen eingekocht. Wahre Mythen zeichnen sich dadurch aus, dass in ihnen die glänzenden Goldstücke der Vergangenheit in die Gegenwart herübergerettet und auf ein kollektives Gefühlskonto gebucht werden. Nirgends wie in München führen die Mythen dann in aller Zukunft ein Eigenleben auf Verlass. Sie werben zeitlos, mit ihren süßen Versprechungen ebenso wie mit der Halsstarre erfolgreicher Tradition – und sie erzeugen Sehnsucht. So kommt es, dass ein Mythos zur Marke wird, die nichts kostet und die auch haften bleibt.

Das *Mir san mir*, für die einen Heimatstolz, für die anderen Speerspitze des Fortschritts, findet seinen tieferen Grund im Mythenkern – und der sind bis heute auch die Könige, nicht nur für München, sondern für ganz Bayern.

Dass es München aus der Bedeutungslosigkeit heraus überhaupt zum Leuchten bringen konnte, verdankt sich der Ära der Wittelsbacher, eine Geschichte von immerhin einem Dreivierteljahrtausend. München, wie wir es kennen und lieben, ist von ihnen tatsächlich erfunden worden. Gewiss liegt schon in der Großzügigkeit der Wittelsbacher Könige der Ursegen für München und ganz Alt-Bayern (wozu auch die Kurpfalz zählt): *Liberalitas bavariae*, vor allem in Sachen Kunst und Volkskultur. *Liberalitas* nämlich als *Freigebigkeit*. Spätestens ab 1806, als München zur Hauptstadt des Königreichs Bayern ernannt wird, war Schluss mit der Tradition des Zauderns, Zeit für Quantensprünge des Fortschritts. Man darf sicher sein, dass dort die Keime für die beinahe schmuserisch gepflegte *kgl. bayer. Lebensart* liegen, Keime auch der Vermittlung zwischen dem Bauernland und dem Kunstland, die eine unnachahmliche, fast bizarre Liaison eingegangen sind, so als

gehörten dem Volk schon immer die Schlösser und den Bürgerlichen schon immer die Kunsttempel – und allen zusammen alles. So entstehen über Jahrhunderte Marken, die Denken und Herz verkörpern. Davon profitieren Bürgertum und Brauchtum bis heute.

Es ist kein Zufall, dass ausgerechnet das Verrückte, geboren aus Einsamkeit und Sehnsucht, gewissermaßen salonfähig geworden ist. Wer in München schräg denkt, kann sich eigentlich immer auf den *Kini** berufen. Aber diese verrückte Story, dass die nachhaltigen Leistungen utopische Motive haben, beginnt nicht erst bei Ludwig II. (1845–1886) und seinem Schlösserwahn. Der Hauptpate in der Geschichte der Extravaganzen ist der Gottvater der bayerischen Kunstförderung: König Ludwig I. (1786–1868). Beseelt von Sammelleidenschaft waren schon viele Wittelsbacher vor ihm, zurückgehend bis ins 17. Jahrhundert: Kurfürst Maximilian I. (1573–1651), dessen Enkel Maximilian II. Emanuel (1662–1726) oder Kurfürst Johann Wilhelm von der Pfalz (1658–1716). Ludwig aber hatte die Vision. Dessen Traum vom Isar-Athen hat erst erzeugt, was man heute als *Italianità* erlebt. Aber nicht Italien, Griechenland ist das klassizistische Urmotiv. Bezeichnenderweise wird sein Sohn Otto I. (1815–1867) siebzehnjährig zu Griechenlands König.

Mit dem Anspruch, »dass keiner Teutschland kennt, wenn er nicht München gesehen hat«, manifestierte Ludwig I. seine Weltstadtträume von München und versammelte allerfeinsten Kunstverstand um sich, darunter den genialen Hofbauintendanten Leo von Klenze, dem die Verwirklichung der Visionen mitanzurechnen ist: Glyptothek, Alte Pinakothek, Residenz. Mit ihm arbeitet Ludwig auch nach seiner Abdankung wegen der Lola Montez-Affäre noch als Privatier auf das Engste zusammen. Der Kunstkönig und der Prototyp des Stararchitekten bringen München, ja Bayern, Weltruhm ein, und sogar aus Westminster heißt es 1836: »Bavaria is now the classic country of the arts.« Das Weltstadtformat wird bis in die Prinzregentenzeit (1886–1912) hinein prägend durchgehalten. München wäre sonst auch baulich und atmosphärisch nicht, was es ist: Die Prachtstraßen Maximilian- und Prinzregentenstraße, Königsplatz, Residenz, all die Theater, die Museen, auch die Bierhallen stehen für die Morgenröte von Münchens

König Ludwig II., um 1864

faszinierender Identität. In Ludwigs Leistung liegt der eigentliche historische Markenkern, denn mit den Musentempeln, den Gärten ist Kunst in den Köpfen angekommen, ist Kultur zum Anfassen geworden. Ludwigs Erfolgsparadox: Die Kunst, aus der Bedeutungslosigkeit Kontraste zu schaffen, zu übertreiben, um sie dann wieder zu versöhnen.

So ist München erstmals erfunden worden.

Mit Ludwig II. aber wird der Königsmythos zum willkommensten aller Klischees – und später zur Generalausrede für alles Ausgeflippte. Er ist der Wunder schaffende Volksheldkönig, dem man den Wahnsinn und das gnadenlose Prassen, das aus heutiger Sicht Staats- und Europakrisen entfesseln würde, für alle Ewigkeit verzeiht, zum Dank für seine bleibenden Geschenke an die Nachwelt. Das Volk identifiziert sich mit ihm und seinen Träumen, er ist sein Herzkönig. Seither hat das Phantastische Konjunktur. Wie schon sein Großvater ist der *Kini* ein begnadeter Kunstförderer. Richard Wagners Musik wirkte wie ein Aphrodisiakum. Nicht auszudenken, wenn auch noch das von Gottfried Semper entworfene Wagner-Festspielhaus auf dem Hochufer der Isar in Haidhausen oder gar das Traumritterschloss Falkenstein errichtet worden wäre.

Mit Ludwig II. hat sich das blaue Blut dem blauen Land zugewandt. Das Bürgertum hatte ihm *seinen* Wagner vertrieben und seine Demütigung als Schattenkönig unter den Preußen hatte seine Traumwelt, ein Sonnenkönig zu sein, entzündet. Enttäuscht und vereinsamt wendet er sich von München ab und baut die Traumschlösser aufs Land hinaus und in die Berge hinein. Mit Ludwigs Eskapismus, krankhaft auf der Flucht zu sein, keimte auch der bayerische Tourismus aus und startete durch zu seiner Welttour. Mit ihm, dem »Reisekaiser«, kam Bayern in Bewegung. Vom Volk geliebt, vom Münchner Bürgertum eher gehasst, verklären sich Ludwigs Visionen schließlich zum Mythos, und beide, München und Bayern, haben mit ihm so richtig Glück. Die Besucherzahlen von Nymphenburg, Neuschwanstein, Linderhof und Herrenchiemsee stehen für die öffentliche Meinung schlechthin. Werner Bergengruen erklärt den Mythos so:

»Bergschloß, Waldschloß, Seeschloß sind der leidenschaftliche Aufschrei einer stolzen, einsamen, scheuen und erkrankten Seele gegen ihre als tragisch empfundene Verklammerung in der Alltäglichkeit eines bürgerlichen Zeitalters.«

Zum 125. Todestag im Jahr 2011 wird kräftig aufgemischt, vieles auch berichtigt. Herrenchiemsee, das Ludwig Thoma noch als »viereckigen Kasten« bezeichnet, »der patzig die Insel beherrscht und der ausschaut wie ein Gefängnis«, wird zum lebendigen Schauplatz des Mythos. Vergessen, dass Thoma zufolge ausgerechnet im Chiemgauer Tuntenhausen sich zum ersten Mal der Volksgeist gegen die Schuldenberge des Königs erhob. Anders die Trachtenvereine: Sie haben das profit- und profilbildende Vermächtnis aus der Liaison »Bayern und Ludwig« schon vor über hundert Jahren erkannt – nicht nur zur provozierenden Abgrenzung gegenüber den Preußen. Geblieben sind jedenfalls die einsamen Leistungen, die man heute für Erfindungsfortschritt im großen Stil halten muss. In der Landesausstellung »Götterdämmerung« auf Herrenchiemsee wird laut Kurator Richard Loibl nachgewiesen, dass »auf Ludwigs Schlitten schon vor der Patentanmeldung durch Edison Glühbirnen gebrannt« haben. Der *Kini* also ein Technikfreak, Kunstbesessener und Visionär – und vielleicht der Firmpate für das *Mir san mir* Bayerns? Als Monarch gescheitert, schuf Ludwig sich seine Gegenwelten und mit ihnen Bayerns Alleinstellungsmerkmale. Kein geringerer als Andy Warhol – selber Mythos – stellt Ludwig ikonographisch neben Marylin, Che und Elvis.

Der gemeine Bayer jedenfalls ist keineswegs an der Enträtselung der Mord-/Selbstmord-Tragödie mit Ludwig und seinem Psychiater von Gudden am Würmsee interessiert – der Mythos könnte ja zerstört werden. Thomas Mann bringt in »Doktor Faustus« Volkes Meinung zum Ausdruck:

»Die Verschwendungssucht eines Königs habe gar nichts zu sagen, sei bloße Redensart, ein Schwindel und Vorwand. Das Geld sei ja im Lande geblieben, und von den Märchenbauten seien Steinmetzen und Vergolder fett geworden. (...) Wir selbst hätten heut dazu beigetragen, die Verrücktheit zum guten Geschäft zu wenden ...«

Längst ist das königliche Prassen zum Fortschritt erklärt, wenn der bayerische Finanzminister Fahrenschon zur Vernissage von »Götterdämmerung« erklärt: »Ludwig ist nicht geisteskrank, sondern ein Vordenker gewesen.« Die Verklärung hatte durchaus seinen praktischen Grund, wie ja vieles in Bayern. Anstatt aufzurechnen und zu klagen ist es besser, ihn, den Mythos, dankbar zu pflegen. Die Symbolik ist rund, in den heiligen Schlössern sowieso, aber auch ganz profan auf Bierdeckeln und Spielkarten, wo im »König« ganz unzweifelhaft das Konterfei des *Kini* prangt – obwohl es im »Herzkönig« der sogenannte Max, Ludwigs Urgroßvater, ist.

Unter Luitpold, in der Prinzregentenzeit, ist die Saat schließlich aufgegangen, der »leuchtende« Mythos entsteht. München hört endgültig auf, nur ein Heimspiel zu sein. Zwischen Jugendstil und Expressionismus kommt die Blütezeit des »Geistmünchen« (Karl Wolfskehl), die Begründung eines Münchner Montmartres im Weltdorf Schwabing, das Kaleidoskop einer *Brettl**-Szene (es gab gut zweihundert!), die Epoche machenden Blätter »Jugend« und »Simplicissimus«, die Bewegungen um die »Elf Scharfrichter«, die »Blauen Reiter« und den »Kreisauer Kreis«, die rispenhafte Verdichtung einer Bohème entlang der Schellingstraße und um die Giselastraße, der bayerische Sekundentraum von der Weltrevolution um Kurt Eisners Münchner Räterepublik, wo auch Dichter wie Ernst Toller den Aufstand proben. Da ist ein emotionales, schon sehr südliches Münchner Lebensgefühl auszumachen, das Ernst Bloch mit einer Sehnsucht verbindet:

»Bohème, Freiheit, Kunst, Leben, Schönheit, Fülle des Daseins, Jugendstil, Wedekind.«

So wie Paris um 1800 für Zeitgeist und Orientierung in die Zukunft steht, wo sich Deutschland noch vergleichsweise verspätet darstellt, so erstrahlt München um 1900, ein langes Vierteljahrhundert lang. Und heute schließlich wieder. München wird zum Fokus für die Geister und Künstler der Erneuerung und der Zustrom der Wahl-Münchner steigt und steigt. Rilke, George, Heine, Andersen, Kubin, Ibsen, Kästner und Morgenstern, alle tanken sie Geist, bis München in den Alptraum der »Stadt der Bewegung« hineinsteuert. Alle Träume sind jäh ausgeträumt. Zu Ende geträumt sind sie nicht.

Sind nun tatsächlich die Königsmythen das Elixier, das den Migranten-Würfel Bayern zu einer verschworenen Gemeinschaft erst hat werden lassen? Ein Land, das eigentlich Niemandsland war, keine Bodenschätze, keine Industrie, keinen weltpolitischen Einfluss hatte und erst aus purer Schönheit, auch gesammelter, Kapital schlug, hat sich seine Kultur erschaffen. Mit Landschaft, Geist – und Bier – waren es die weichen, kulturellen Utopien, die das Fundament für den Aufstieg zur Metropole bildeten. So wurde München *unbestechlich* und mit ihm das *Mir san mir*.

Der München-Mythos ist längst im Weltgeist aufgegangen wie gute Saat. Denn er ist mit archetypischen Schlüsselbildern besetzt: Wer »Bier« hört, denkt München; wer »Traumschloss« hört, denkt Bayern. Traumorte bilden sich, weil Träume immer ihren Ort suchen, ob Hohenschwangau für Touris oder das Königshaus am Schachen für Hardcore-Pilger. Spätestens seit Neuschwanstein bei Füssen die Disneyvorlage für das Dornröschenschloss wurde, sind die Wunschwelten ganz nah an die Wirklichkeit gerückt.

Irgendwo in einem namenlosen Strandbungalow im Königreich Thailand werde ich beim Einchecken in einer geradezu bizarren Weise begrüßt:

»Welcome Sir, Sie stammen aus – Newswanstein, aus der Stadt des berühmten Königs Ludwig?!«

Der Name des Königs im Namen der Stadt Ludwigshafen in meinem Reisepass reichte aus, um mich mit dem Märchenkönig zu assoziieren. Achttausend Kilometer von zuhause finde ich den beliebig zurechtgebogenen Bayern-Mythos zur Erfüllung (nicht nur) naiver Mädchenträume. »Der Mythos«, so Roland Barthes, »ist eine von Geschichte gewählte Aussage« und »diese Aussage ist eine Botschaft«. Wenn Tradition real gefühlte Geschichte sei, dann hat man sich den bayerischen Mythos als den schlagenden Puls der Tradition vorzustellen. Anscheinend stecken die bayerischen Mythen an – für die Münchner selbst sind sie Quelle für erneuerbare Geschichte, für den Rest der Welt erzeugen sie Sehnsucht.

Kein Zweifel, die Mythen sind der sanguine Blutkreislauf des *Mir san mir*. Die Luftschlösser sind schließlich gebaut worden – und bezahlen sich sogar.

folgende Doppelseite:
Chinesische Touristin auf der Marienbrücke
vor Schloss Neuschwanstein

GERMANY

DAS PRINZIP MÜNCHEN

Das wahre Bayern ist immer auch seine Geschichte, die es wie Gegenwart aufzieht. Aber erst seine Hauptstadt treibt es immer wieder nach vorn. München ist die Stadt der Kontraste, die sich runden, der Urquell für ihre Energie. Doch es ist sich nie gut genug, *kriagt an Krag'n nia voi*, wie man so schön sagt: will immer besser sein, ist erfolgsverwöhnt; braucht seinen Königemythos wie eine Lebensversicherung; schafft sich seine willkommenen Feindbilder (wie den *Preiß'n** und Gegner des FC Bayern) und pflegt sie, um an ihnen zu wachsen; leistet sich einen Kabarettisten als OB; glättet mit Kunst & Bier die Gegensätze; erkraxelt den Olymp. – *Aber 's g'langt* ei'fach net*.

München greift immer nach den Sternen, weil es vom Produkt her denkt. Zum *Prinzip Jugend* kommt das *Prinzip Erfindung*. Schon die Wittelsbacher haben die Messlatte höchster Ansprüche gelegt und München gezwungen, sich immer wieder zu Höchstleistungen zu peitschen.

Die Könige und die Revolution sind tot. Es lebe das Bürgertum! Zunächst ist nichts mehr, wie es war, die Geschichte fragmentiert und das Leuchten erstickt für eine lange Weile. Der Münchner Mief der Nachkriegsjahre ist die mit Wut geladene Ohnmacht, mal im Aufbäumen gegen das Scheitern wie bei Koeppen, mal in wienerisch-beißender Art wie bei Achternbusch. Die ganze Stadt ist untergärig, die Hefe ihrer Energie hat sich noch zu setzen. Um Mythos zu bleiben und Marke zu werden, muss der Wandel der Zeiten Brüche heilen können und immer wieder den Faden der Geschichte aufnehmen. Hans Mayer gerät noch 1987 in einer Lobrede auf Thomas Mann ins Zweifeln:

»München leuchtete oder München leuchtet: Das ist zweierlei. Die Gegenwartsform meint das Glück des erfüllten Augenblicks. Eine

Lust, die Ewigkeit will. Das Imperfekt hingegen raunt in der Tat ungute Beschwörungen.«

Doch Manns Novelle »Gladius Dei« als »eine ungute Geschichte« wendet den Blick tatsächlich nur zurück. Nach vorn gedacht findet München in seinen eigenen Lichtquellen die Kraft der permanenten Restauration des verblassten und vergewaltigten Prunks. Sein Leuchten steht wieder für Gegenwart und sogar für Zukunft und Erfindung. Münchens *Leuchten* wird – für Mayer im Präsens – zum Markenzeichen für Echtzeit:

»Und bisweilen, an schönen frühherbstlichen Sonnentagen, stimmt es auch: dann gibt es in der Tat so etwas wie eine Italianità an der Isar.«

Eine kleine Ewigkeit sollte seit Kriegsende vergehen müssen, um mit Koeppen, Fassbinder & Co. die Verstopfungen erst noch zu entkrampfen. Der Wahl-Münchner Wolfgang Koeppen, wie viele von Geschichte hin und her gerissen, wahrt Distanz und führt uns in »Tauben im Gras« einen Tag in das gelähmte München, um ihm in seinen »bürgerlichen Saturnalien« dann doch sein Herz für seine Unvergänglichkeit zu öffnen: »Muß man München nicht lieben?«

Schließlich, zehn Jahre nachdem Marshall McLuhan die Metapher vom »globalen Dorf« geprägt hatte, könnte es in München seinen Gründungsort gefunden haben. München hatte mit seiner Kunst, seinem Oktoberfest, seiner Atmosphäre den mentalen Humus, seine Brachfelder mussten nur wieder beackert werden. Das Münchner Bürgertum hatte die historische Courage, an das leuchtende München anzuknüpfen und sein Dauererfindungsprinzip wieder herauszubilden.

Den Knoten der Nachkriegslähmung zu lösen gelingt in München erst OB Hans-Jochen Vogel. IOC-Weitsicht sei Dank und Dank der Rückbesinnung auf Münchens Fähigkeit zur Selbsterfindung wird da mit einem Schlag in die Zukunft gebaut. Und zwar tollkühn: ein Olympiastadion mit der damenstrumpfüberzogenen Zeltdacharchitektur, die modernste U- und S-Bahn, die Anbindung des amünchnerischen Nordens, die erste Prachtfußgängerzone, das alles gepaart mit Weltansprüchen der Theater-, Film- und Museenszenen und einer Welthingewandtheit der *Nonchalance bavaroise* mit Oktoberfest und Fußball. Dem Gilb ist der Kampf angesagt und das Millionendorf schminkt sich endlich wieder sein spiegelfähiges, metropolitanes Gesicht.

Die Mottosuche wird zur präzisen Ortung der Befindlichkeit zwischen Scheitern und Utopie, Minderselbstwert und Größenwahn, Tradition und Zukunft. Welches Label kann glaubhaft an das Leuchten anknüpfen, die Geschichte versöhnen und die Gegensätze Kunst & Bier kurzschließen? 1972 heißt es dann ehrlich: »Weltstadt mit Herz.« Und das Herzhafte wird schließlich bis heute durchgehalten: »München mag dich« für die Fußball-WM 2006, »Festival of Friendship« für die Olympiabewerbung 2018. Alliteration der Münchner Tugenden, gar auch der bayerischen?

Ganz im Geiste der blühenden Prinzregentenzeit könnten wir in München heute von einer *Bürgerregentschaft* sprechen. Denn zum Erfindungsprinzip von München gehört sein kulturelles Bürgertum. Wenn sich das – wie das Max Halbe nannte – »monarchische Prinzip« der lockeren Zügel in bürgerliches Gebaren übersetzen lässt, dann in Münchens Kunstsinn und Generosität beim Stolz auf Unterscheidbarkeit vom Rest der Welt. Münchens Bürgertum trägt starke kreative Gene und versteht sich kollektiv als Vertreter der *Liberalitas bavariae*, als demokratische Epigonen gefühlter Monarchie. Klenze, Schwanthaler, Stuck, Conrad, Heyse, Halbe und Wedekind und viele mehr haben das Kunst- und literarische Leben groß und reich gemacht. Eine Tradition, die sich fortan immer nur das Weltbeste gönnen darf. Kunst, Klatsch und Kommerz liegen in München hochrangig beieinander, das ist gut für die rege Kommunikation und auch fürs Selbstbewusstsein: Gerne gibt sich das kunstversessene Bürgertum possessiv. Staatsoper, Pinakotheken, Cuvilliés-Theater, Kammerspiele, Literaturhaus, all das »gehört« ihm: *Die Kunst, dös san mir!*

Die über das Feuilleton und die organisierte Kunstszene kolportierte öffentliche Kunstmeinung – im besten Sinne das Medium – setzt die Maßstäbe, sie ist es, die den Intendanten der Staatsoper empfiehlt, sie setzt das Veto. Der Kulturreferent hat auf einen August Everding und Dieter Dorn zu hören und nicht umgekehrt. Das traditionell schwarze Bayern und das traditionell rote München schrauben sich ihre Ansprüche gemeinsam zum Erfolg. Diese Reibung passt, zugeben tut's keiner. Schließlich dürfen sich Landes- und Stadtspitzen »im Freistaat immer ein wenig wie die entfernten Nachfolger der bayerischen Könige fühlen«, wie selbst die »Süddeutsche« zugesteht. Öffentlicher als in München kann Kunstpolitik auch gar nicht sein: Als die Personalwechsel Nagano (Staatsoper), Dorn (Residenztheater), Peters (Gärtnerplatz) und Dercon (Haus der Kunst) im Mehrfachpack anstehen und ein neuer Konzertsaal für die im Gasteig beheimateten Philharmoniker gefordert wird, haben die Kulturblätter ihr Saison füllendes Thema: weil das Feuilletonpublikum immer mitabstimmt. Stammtisch der Personalien auf hohem Niveau. Das war in München vor hundert Jahren nicht anders, wie Annette Kolb weiß, denn ausschlaggebend ist »stets das Wirken der einzelnen Persönlichkeit für das Niveau, auch der großen Städte.«

So fühlen sich auch wahre Münchner; ihre Meinung will ernst genommen werden, und man versteht wenig Spaß, wenn es um den Erfolg geht. Nicht immer kann sich der hochdotierte Kunstverstand seinen Reim auf Münchens Eigenart machen, wie der langjährige Chef des Hauses der Kunst Chris Dercon: »München ist ziemlich ironiefrei.« Deutschlands Dax-Stadt Nummer eins zu sein, bedeutet den Mut, Kultur als harten Faktor zu begreifen. Das ist ein durchaus ironiefreies Kalkül. Aber dafür muss Politik in München immer auch Laune machen und tagtäglich den Klimmzug zwischen Gewinn und Genuss, BMW und Biergarten üben. Nur so steigert sich die Wittelsbacher Linie weiter und weiter in kollektive Intelligenz – und jeder darf sich als Beteiligter fühlen.

Trotzdem darf man sich Kunst in München nicht als elitär vorstellen. Schon weil München »Kultur« nicht auf »Kunst« reduziert und vorlebt, wie Weltruhm und Lokalwürze gut zusammen gehen und in der radikalen Formel *Kunst & Bier* die Kontraste versöhnt. Frohsinn nämlich aus verschiedener Hallen Echo. Walter Benjamins Statement »das Bierhaus ist der Schlüssel jeder Stadt« gilt so auch für die Kunst. München bietet das großzügige Forum einer *Heimat für alle*, denn ob man nun ein *Sechz'ga**-Fan ist oder ein notorischer Vernissagengänger, spätestens im Biergarten findet sich die Traumlegierung der vermeintlichen Gegensätze – und das »ironiefreie München« entpuppt sich als Vorurteil.

München praktiziert den gelebten Augenblick im Breitspektrum der immer ein *bisserl* Provinz gebliebenen Großstadtkultur. Deshalb wird Münchenkultur als Echtzeitkultur erlebt. Mitunter erzeugt das ein gewaltiges Arroganzgefälle, und Augsburg, Regensburg und Würzburg haben einen schweren Stand. Die Zauberformel lautet: München und der Rest der Welt, das ist die emotionale Wurzel aus dem, was der Münchner für die Welt hält.

Das ist das Prinzip München.

SATURNALIEN DER HUNDERTJÄHRIGEN GEFÜHLE

München würde vielleicht doch nicht mehr leuchten, hätte es nicht konsequent seine Prinzipien geritten und auf seine saturnalischen Ausschweifungen bestanden. Gott sei Dank, München ist eben immer eine emotionale Stadt geblieben. München leuchtet nicht nur, München riecht, feiert, schlemmt, protzt, kreiert, *derbleckt**, spielt guten Fußball – und pfeift auf alle, die das nicht gut finden – das macht es nur noch besser.

Geistmünchen trifft *Klatschmünchen* trifft *Herzmünchen*. Ist dieser emotionale Kern schon die berühmte Münchner Lebensart mit ihren extravaganten, unmäßigen, dem lebfrischen Frohsinn zugewandten Zügen? Vieles läuft da auf Genuss aus Überzeugung hinaus, wie schon Lion Feuchtwanger nicht ohne Süffisanz bestätigt:

»Im übrigen lebte die Stadt sich selber, ein lautes, ungeniertes Leben im Fleisch und im Gemüt. Sie war zufrieden mit sich. Ihr Wahlspruch war: Bauen, brauen, sauen.«

So wie die Bauern an ihren Hundertjährigen Kalender glauben, glauben die Münchner an ihre *hundertjährigen Gefühle*.

Wie bei den altrömischen Feiern zu Ehren des Gottes Saturn auch, gibt das München-Gefühl reichhaltig Stoff zum Feiern rauschender Feste, wo man sich beschenkt, wo die Klassen aufgehoben sind, kurzum, wo man das Glück herausfordert und wo der Himmel immer weißblau leuchtet.

Das Münchner Oktoberfest auf der Theresienwiese, der *Wies'n* aller Wiesen, ist die Volkssaturnalie schlechthin. Die Idee dazu kann sich die Taxizunft auf die Fahnen schreiben, denn sie geht auf einen Münchner Kutscher zurück, der den Vorschlag machte, zur Hochzeit des Kronprinzen Ludwig von Bayern mit Prinzessin Therese von Sachsen-Hildburghausen am 12. Oktober 1810 ein Pferderennen zu organisieren. In den Jahren bis 1819 folgten Landwirtschaftsschauen, ehe sich das eigentliche Oktoberfest gründete. So wurde aus einer Münchner Bürgerinitiative, aus einem Geschenk an die Monarchie, der Welt größte Party. München schuf sich erstmals seine wichtigste emotionale Plattform für ein *Mir san mir* und konnte zweihundert Jahre üben, sich zu rühmen, wie es geht, die ganze Welt als Alleingastgeber einzuladen, zu bewirten und das Bier in Millionen bayerische und globale Kehlen fließen zu lassen. Seither zeigt München, was geht.

Das Oktoberfest ist schlechthin die konkurrenzlose »multisensuale Echtzeitveranstaltung«, wie das Robert Kaltenbrunner (»SZ«) ausdrückt. München, nun final im Mittelpunkt, wird porös. Gamsbart und Lederhose betreten nun *ihre* Bühne. Für den ehemaligen Fremdenverkehrsamtsleiter Heinz Hermann Strobl zeigt sich endlich die »pralle, barocke Lebensfreude als Ausdruck bayerischer Lebensart«. Auf dem Oktoberfest wird München authentisch: *Jetzat lass' mer mal die Sau aussi.* Und die Fakten, das sind immerhin über sechs Millionen Liter *Wies'nbier*, hunderttausend *Schweinswürscht'ln* und eine halbe Million *Hend'ln*. *Schmankerln*, die umso besser schmecken, weil München auf Selbstversorgung setzt; keine *Ochs'n* aus Argentinien, keine *Hendl'n* aus Polen angesichts der sage und schreibe weit über 300 landwirtschaftlichen Betriebe im Stadtgebiet München.

Wirtschaft macht Kultur.

Allerdings ist das Oktoberfest nur dann eine »Festa della Birra«, wie die Italiener das nennen, wenn man es nur vom Ergebnis her kennt. Sein wahrer Erfolg liegt darin, dass man es pfleglich als Gesamtkunstwerk behandelt: die Tradition als fester Rahmen, das Ritual als starker Anfang, das Münchner Bier seine Heiligkeit. Das Bier ist als süffiges Fruchtbarkeitssymbol zwar auch nur Produkt, eigentlich aber das Medium einer jahrhundertealten Erntedankkultur: »Hopfen und Malz, Gott erhalt's.« Die *Wies'nwirte* danken der Natur für die Früchte aus harter Arbeit – und feiern erst dann auf ihre Weise. Die wahre Freude ist die Vorfreude.

Der starke Anfang ist aber nicht das telegene *O'zapft is'!* des Oberbürgermeisters, sondern der festliche Einzug der *Wies'nwirte* (der Münchner wohlgemerkt): Demonstration jahrhundertealter Braukunst, Gastkultur und Treue zum Bier, alljährliche Neutaufe des Brauchs, perfekt inszenierter Feiertag der ewigen Wiederkehr. Das ist Bauernkultur pur: der Mensch, Ross und Bier gewordene bayerische Kulturbegriff, für zwei Wochen auf die Theresienwiese gebannt. Das Ritual demonstriert symbolisch noch das Stück Arbeit: erst gedankt, dann genossen. Arbeit und Kultur repräsentieren das weltlich-bayerische Lebensgefühl, auf das selbst *Wies'n*-Abstinenzler noch verschämt stolz sind, wenn sie im fernen Urlaub von irgendwelchen Schweden oder Amerikanern nach dem Bierfest gefragt werden. Ein Hauch von Weltberühmtheit, der da auf einen abfällt.

Da werden zuerst die Rösser eingespannt. Rösser, nicht Pferde. Diese wuchtigen, vor Kraft strotzenden Kaltblüter mit ihrem vor Gesundheit glänzenden Fell, den stolzen Mähnen und Schweifen, dem prachtvollen, an einen Triumphzug erinnernden Geschirr, dem zufriedenen, erwartungssatten Schnauben; die Wirte, mit der großen Geste des *Mir san mir* bayerischer Siegesgewissheit … Das alles steht nun für einen gedehnten Augenblick großer Kultur. Die Rösser werden schon *unter'm Jahr* systematisch auf Trab gehalten und ihr Auftritt ist mehr als die Show. Viele von ihnen müssen übers Jahr im Bayerischen Wald hart arbeiten, wie die Klepper – denn auch sie haben sich die *Wies'n* zu verdienen. Die paar Tage vor dem großen Anzapfen, wenn sie dann im Stall auf ihren Einsatz warten, merkt man ihnen die Anspannung an. Die guten Viecher wissen, dass Kötzting (Oberpfalz) und Thurmansbang (Niederbayern) nun wieder hinter ihnen liegen, dass es bald losgeht, auch sie haben dann das Münchengefühl. Jeden Tag nun Hafer vom Feinsten, ihr »Wiehern ist wie ein Juchzer« (Julius Kreis). Auch Rösser spüren Heimat.

Endlich grüßt die »Bavaria« international auf ihre Gäste herab, wie zum Segen. Die von Klenze entworfene und von dem Bildhauer Ludwig Schwanthaler umgesetzte Bronzestatue ist die größte der Welt und stand schon Modell für die Freiheitsstatue in New York. Für diese zwei Wochen will sie das Urmodell für die *schöne Münchnerin* abgeben.

Ross der Augustiner-Bräu auf der Wies'n

Nun aber hinein in die Welt der satten Gerüche und der schönen Schwindel: Achterbahnluftschlangen, Karussellträume, Geistertöne, Riesenräder, Schausteller, Zauberer; *Dirnd'ln* treffen Saris, Gamsbärte Schottenkilts. Und gigantische Bierzelte, größer als Stadthallen, wo das Gerstengold in Strömen fließt. Das Hopfenland findet in den durstigen Kehlen endlich seinen Ausguss.

Sobald man das Bierzelt betritt, sind alle Klassen aufgehoben in diesem realexistierenden globalen Dorf. Bereits die erste Mass erzeugt grenzenloses Mitleid für jeden Nicht-Biertrinker. Die Chinesen und Italiener vergessen, dass ihre Lieblingsmusik anders klingt als die aus den Hörnern und Trichtern der rüden Blechkapellen, und sie vergessen sogar, dass ihr Lieblingsessen besser schmeckt. Das *Pro-sit der Ge-mia-tlich-keit* wird beschworen, das Bier wirkt als Katalysator für die Chemie der Kontakte. Man kann sich darauf verlassen, dass alle Bedenken fallen: Wildfremdes Volk glaubt auf einmal, es sei schon ewig Freund; jede Einsamkeit findet ihr Füllsel; das kleine, unversehene Lächeln schafft schon die Brücke; alles sonst Fremde wird konsequent unter den Tisch gesoffen; alle Häute verlieren ihre Farbe; die *Ohrwasch'ln** hören nur Gutgemeintes; sogar das Blinzeln des jungen Mannes in der Trachtenjacke vom ganz anderen Tisch kommt nun an; die *Dirnd'ln* lassen sich in den Ausschnitt schauen, drunten wird so versehentlich wie schamlos gefüßelt und endlich sieht es nicht wie Absicht aus. »Hopfen und Malz erleichtern die Balz«, so die Münchner Tourismuschefin Gabriele Weishäupl. Blicke zaubern Träume wach.

Stoff wird Stoff fürs edle *G'miat*, ganz nach Joachim Ringelnatz:

»Ein Maß Bier und zwei Maß Bier
Und hundert Maß Bier und tausend Maß Bier.
So leben wir, so leben wir
An der Isar.
Und Kalbshaxn und Kalbshaxn.
Wir sind keine Preußen, wir sind keine Sachsen.
Wir sind keine Spießer.
Wir sind Genießer.«

Und sogar der zarte Rilke stimmt in den Sog der Sinne ein:

»Laut lachend ließ gefallen sichs ein jeder.«

Dem Chaos kann nur entrinnen, wer sich darauf einlässt. Nur noch rheinische Karnevalisten wissen, wie das geht. Denn auch bei 10.000 Menschen im Hofbräuzelt findet die Chaostheorie ihren Beweis für die ungeschlachte, archaische Ordnung des Lebens. Die sich nicht denken, nur erleben lässt. Der Alkohol mit der *Hax'n-* und *Brez'n-*Grundlage destilliert schnell in den Rausch der Sinne. Amerikaner, Italiener, Schweden, Japaner und eine Unzahl von *Preiß'n*, neuerdings ganze Fuhren von Russen, *flacken** an den Biertischen und werden schon high beim Anblick der überdimensionalen Masskrüge, die sie immer für eine Übertreibung gehalten haben. Als geriete nun die Mass zum Maß aller globalen Dinge, um wie der Amerikaner Thomas Wolfe zu schwärmen: »Solch ein Rausch war ein seltenes, kostbares Ding.«

Doch Obacht!, der saturnalische Überschwang hat auch seine Tücken. Wir wissen ja von Ödön von Horváths »Kasimir und Karoline«, dass der Rausch der Sinne in großer Nüchternheit enden kann. Karoline überreizt das Spiel, genießt den Kick, sich wildfremden Männern hinzugeben – um ihr Glück zu verspielen. Die *Wies'nbraut* hat sich selbst zum Opfer ihrer Echtzeitlaune gemacht. Was ihr nach Horváth bleibt: »die Sehnsucht, dass es immer ein Oktoberfest geben soll«. Und diese Sehnsucht ist wie das Fest auch – richtig ehrlich.

Saturnalisch feiern, das mögen sie, die Münchner, wohlwissend, dass das Oktoberfest bereits der Zieleinlauf ist. München schöpft auch hier den Rahm vom Bayern-Ruhm ab. In Wahrheit ist nicht nur der Münchner, sondern der ganze bayerische Festtagskalender prall gefüllt. Abgesehen davon, dass man sein Massenbesäufnis tagtäglich haben kann – zum Beispiel im Hofbräuhaus – stehen Fasching, politischer Aschermittwoch und jede Menge *Dulten** und *Kirtas** zu allen erdenklichen kirchlichen und profanen Feiertagen ganzjährig für das ausgewalzte Frohgemüt.

So auch tief im Land: Das Gäubodenfest in Straubing und das Karpfhamer Fest in einem Paarhundertseelendorf im Rottal steigern sich seit Generationen in Wohlfühl- und Zahlenrekorde hinein, wobei ausgerechnet dem östlichen, eher behäbigen Niederbayern die größte Volksfest-Dichte nachgesagt wird. Dafür geht es auf dem Land weit

Bedienung im Hofbräu-Festzelt

HB

weniger brachial zu. Frohmütig zu sein, braucht nämlich die Münchner Muskeln nicht. »Kein Schenkelklopferhumor, keine falsche Folklore« zum Beispiel auf dem Landshuter Volksfest, wie Wolf Lotter (»brand eins«) weiß. Oder auch das Regensburger Bürgerfest, wo sich die historische Altstadt saturnalisch zu einer einzigen Bühne der Geschmäcker aufwiegelt. Ihrer aller bescheidene Werbung: Das letzte Fest war immer das schönste.

Apropos: Mit sogenannten Oktoberfesten schmücken sich inzwischen über siebzig Städte zwischen Bergen auf Rügen und Zweibrücken. Nur das Schwabenland hält nichts vom Imitat, sondern den »Cannstatter Wasen« für das Volksfest schlechthin.

Keine *Dult* und kein Vereinsgipfel in Bayern ohne anständige *Schmankerln*, auch das gehört zur genüsslichen Lebensart. München ist trotz Eckart Witzigmanns »Aubergine« zwar kein kulinarischer Mittelpunkt der Gourmets, dafür spricht es – und mit ihm das ganze Bayern – »die Weltsprache der Küche der kleinen Leute«, so die Wahl-Münchnerin Barbara Bronnen, die ihrem Hamburger die Liebe zu München mit Münchner *Schmankerln* garniert: selbst gemachter *Leberkäs'*, *g'röst'e Semmelknödeln*, *Grießnockerln*, *Bierkarpfen*, *Zwetschgendatschi*. Gourmandküche, die auf ihre Art fein ist.

München wird saturnalisch, wo es verbissen seine Heiligkeiten verteidigt. Fast scheint es, dass es nie zum Monacophilen bringt, der nichts mit *Weißwürscht'* anfangen kann. Vielleicht gerade weil sie als Marke nicht geschützt sind, werden sie zelebriert. Sie müssen eben schon zum Frühstück her, wo es den normalsterblichen Deutschen nach seinem Brötchen mit Ei gelüstet. Und dann noch Weißbier statt Kaffee, Senf statt Marmelade, Brez'n statt Schrippe, *'zuz'lt** statt nur gegessen. Nach strenger Sitte nur aus Kälbernem, wie beim Wallner in der Großmarkthalle, und das Ganze auch noch vor Elf oder Zwölf, wie das »Schneider Bräu« im Tal immer noch vormacht. Der Bayer provoziert gerne mit dieser »Dschungelcamp-Kultur« und frohlockt: Wenn es dem Gast vor der frühen *Weißwurscht* graust, wird er es schwer haben mit dem *O'band'ln*, es sei denn, er lässt sich vom »Streiflicht« der »SZ« belehren, wonach der Sinn der ansonsten ge-

»Hopfen und Malz erleichtern die Balz.«

schmacklosen Weißwurst – *Händlmaier** sei dank – eh nur im Senf liege.

So mancher wird erst dann bekehrt, wenn er München nicht mehr hat. Ich habe Italiener erlebt, die sich *Schweinswürscht'l* und Sauerkraut auf dem Oktoberfest nur mitredenshalber hineingewürgt haben, um dann irgendwann *a casa* von Heißhunger nach Salsice mit »Krauti« überwältigt zu werden. Sie stellen dann auch fest, dass sie das Bier ohne die deftigen bayerischen Speisen nicht mehr so gut vertragen.

Aber die *Weißwürscht'*, der *Schweinsbrat'n* und die *Kalbshax'n* verleiten leicht zu dem hartnäckigen Vorurteil, dass die »karnivoren Allesvertilger«, so die Autorin Andrea Köhler in der »NZZ«, immer ihr Fleisch brauchen. Dabei ist es heute längst so, dass sich das Urige und das Trendige durchaus gegenseitig umarmen mögen. Der »Tannenzäpfle- oder Hofpfisterei-Effekt« (»ZEIT-Magazin«), der gut in München erfunden worden sein könnte, gibt dem Großstädtischen das Ländliche zurück und mit ihm die Note urgesunder Lebelust. Es muss ja nicht der Bio-Tee im Biergarten sein, aber das lokale Bier im steinernen Bierkrug und der biologische »Hofpfister«* um die Ecke schon. Der Hauch vom Original streichelt die metropolengestresste Seele.

Und hoppla: Auch hier entdeckt man den Törn des Fortschritts in der Tradition. Glaube nämlich keiner, dass der eingefleischte (!) Bayer die *Kearnd'l-Wirtschaft** für eine Erfindung der Moderne hält, eher für ein willkommenes »Zurück zur Natur«, das Bayern schon immer ernst genug nahm. Schon meine Großmutter Auguste hat ein Schwarzbrot vom Korn aus dem eigenen Feld gebacken, mit Kümmel und Koriander drauf und mit einer unerreichten Kruste, das, hätte sie ein Brotbackbuch geschrieben, jedem Pfister hätte Modell stehen können. Und auch ein süffiges Augustiner bei einer *rösch'n** *Brez'n* muss nicht unbedingt vortäuschen, Hauptmahlzeit zu sein, wenn man sich's im Biergarten einfach gut gehen lässt.

Oft reicht es, sich an einen Bauerntisch zu setzen, egal wo in Bayern, und sich dann zu wundern, wie gesund dort aufgetischt wird. *Radi**, *O'batz'da**, *Erdäpfelkas'**, Schnittlauchbrot, *Kren**, frische Eier von *Mistkratzerln** – von den Mehlspeisen ganz zu schweigen.

DAS TAO AN DER STADT

»Städte kann man an ihrem Gang erkennen«, sagte Robert Musil. Zur persönlichen Gangart Münchens gehört auch ihr ländlicher Schritt. München hat nie aufhören wollen, auch mitten in der Stadt gute Luft zu atmen und der Seele Befreiungsschläge zu gönnen. Nicht provinziell, *Land* wollte München bleiben. Es gönnt sich den Luxus, *Tao* zu haben, den besonderen Welttakt für runde Gefühle, die das Herz erst aufmachen. München übersetzt es in die Sprache, die es versteht und pflegt: *G'miatlichkeit* und Muße.

Wo finden wir die Orte für das »gefühlte München«, wo Stadt, Land, Geschichte und Wohlfühlkultur zusammenfließen? Schauen wir uns dafür einmal um an der Isar mit ihren Auen und besuchen die Gärten, lassen wir uns sogar den Föhn einmal erklären.

Der Föhn ist ein bayerischer »Scirocco« und erinnert München, sich als die nördlichste Stadt Italiens zu fühlen. Wenn es anderswo schon oder noch kalt ist, fällt der Warmwind von den Alpenhängen herab und schlägt seine breite Schneise ins Oberland. München ist dann regelmäßig von Wärme befallen und, erzeugte er nicht manchem Kopfweh, man würde ihn für einen großen Botschafter des Südens halten.

»In keiner deutschen Stadt gibt es sonst diesen Wind, in dem die blanke Luft bebt und klirrt wie Glas. Der Himmel zieht sich in die Höhe, die Berge heben sich scharf aus dem klaren Blau, die Straßen werden heller, das Wasser der Isar glitzert, Licht tritt in die Häuser und füllt die Gläser mit Blau.«

Poetischer als Barbara Bronnen kann man dem Föhn gar nicht beikommen, auch wenn ich ergänzen kann, dass er gelegentlich das Inntal entlang bis Passau kommt und von dort betrachtet eine feine Gebirgssilhouette in den Horizont zeichnet. Wie nah die Berge dann kommen, für Hans Carossa herangezogen durch eine »weltweite Linse«, wie stark die Illusion nach der warmen Zeit … Das Land macht sich Luft und strömt in die Stadt, ergreift die Menschen, lässt ihr Barometer steigen. Sogleich winkt da ein geöffneter Biergarten, der die Föhnschwärmer zu einer frischen Mass einlädt.

Wer »das Land« an München begreifen will, arbeitet sich schon weit draußen an die Stadt heran. Von der Konradshöhe in Baierbrunn, wo Bloch seine Else zum ersten Mal küsste, oder von noch weiter oben. Thomas Mann geht in »Herr und Hund« an die Isar, die schon im bayerischen Oberland, lange bevor sie in die Stadt kommt, ein wildes Leben führt. Auch mit den Augen seines Hunds Bauschan sieht er in der Flusslandschaft vorgeführt, was die Natur ihm gibt und was der Stadtmensch nicht zähmen kann. Und was der Münchner schließlich gar nicht zähmen will: Landschaft.

»Sie ist mein Park und meine Einsamkeit; meine Gedanken und Träume sind mit ihren Bildern vermischt und verwachsen, wie das Laub ihrer Schlingpflanzen mit dem ihrer Bäume. (…) im Herbst, wenn der chemische Geruch des welkenden Laubes die Luft erfüllt, wenn die Menge der Distelstauden wollig abblüht, die großen Buchen des ›Kurgartens‹ einen rostfarbenen Laubteppich um sich her auf die Wiese breiten und goldtriefende Nachmittage in theatralisch-romantische Frühabende übergehen, mit der am Himmel schwimmenden Mondsichel, milchigem Nebelgebräu, das über den Gründen schwebt, und einem durch schwarze Baumsilhouetten brennenden Abendrot.«

Solche Landschaft fließt in die Stadt herein und ist München willkommen. Sie nimmt sich in den Isar-Auen Raum und verlängert sich in den urbanen Volksgärten, wo die scheinbaren Kontraste – Kunst, Schlösser, Bier – dann harmonieren. Genuss ist leicht und vielfältig, darf keine Monokultur sein. Dieses Lebensgefühl, mitten in der Stadt, schafft nur Landschaft.

Ein Segen, dass es den Englischen Garten gibt, einen der ersten Volksparks überhaupt. Wie weitsichtig von dem pfälzischen Kurfürsten Karl Theodor, den Entwurf des Schwetzinger Hofgärtners Friedrich Ludwig von Sckell 1789 in die Tat umsetzen zu lassen; ein »grünes Fenster für das Volk«, so angeblich der Kurfürst über sein Werk. Ein

Fortschritt, der heute als Tradition erlebt wird. Er ist nämlich ganz entgegen dem damaligen Zeitgeist der typisch Münchnerische Gegenentwurf zu der frankophilen Gartenarchitektur der Wittelsbacher. In diesem Sinne auch wohltuend undeutsch. Am besten lässt sich das am Nymphenburger Schloss, Geburtsort von Ludwig II., und seinem Park nachvollziehen, der – Versailles nachempfunden – an Strenge, Gerahmtheit, vermenschlichter Ordnung, gedrechselter Natur nichts missen lässt. Künstlich, elitär, hermetisch, mehr ausladend als einladend seine Konzeption. Kein Wunder, dass der sensible König da flüchtete.

Luft zum Atmen lässt erst die rohe Schönheit des Englischen Gartens, sie macht den Geist frei. Der Chinesische Turm mit Biergarten und das Japanische Teehaus wären im Nymphenburger Schlosspark ein Stilbruch, im Englischen Garten stehen sie für Weltoffenheit. Beim Monopterus knüpft München wieder an Isar-Athen an und Goethe soll seine helle Freude an dem kleinen Pantheon gehabt haben. Kein Park mit Brunnengeplätscher und Wasserspielen, dafür Tollwiesen für Kinder und Hunde, mit ein paar veritablen Flüsschen, die Landschaft eben nicht nur vortäuschen. Der Eisbach kommt so heftig daher wie ein Bonsai-Inn, sein Gletschergrün verspricht die perfekte Abkühlung und man vergisst dann auch nicht, wer die Isar ist. Wild benehmen sich auch die Nackerten im Sommer, längst keine Touristenattraktion mehr, umso mehr die Eisbach-Surfer, die der reißenden Flut schon ihr Hawaii abgewinnen, wenn noch Schnee auf den Bäumen liegt. So ungeschlacht und so frei gibt sich die Stadt, um als »individualistischste« eben zu gelten … In dieser wild wachsen dürfenden Landschaft wird auch das städtische Tao wirksam.

So woll' mer leb'n!

Und doch ist es kein Zufall, dass die Isar in der Stadt wie ein Fremdkörper wirkt. Ursprünglich führte ihr Lauf um die (damalige Innen-) Stadt herum, bis man sie um des Salzhandels willen durch die Stadt leitete. Brücken nun am Fluss und in der Stadt. Die Isar ist für München wie ein Stich ins Herz, ein Riss und ein Liebestreffer zugleich. Fast die ganze Stadt hindurch verläuft sie »zweispurig« und beschreibt größere und kleinere Inseln, wie zur Auflockerung. Sie ist ein kleines

Flüsserl, das sich – Landshut hin, Wolfratshausen her – nur von der *einen* Metropole in Beschlag nehmen lässt. Schließlich kommt sie von ganz oben, dem Karwendelgebirge, und immerhin: sie »fließt ins Meer«, wie Koeppen sagt, um sie ja nicht zu unterschätzen. Sie ist nicht einfach *da*, wie in Köln der Rhein und in Passau die Donau, sondern man muss zu ihr hin. Zum Beispiel in der Au, vom Gasteig herunter beim Müllerschen Volksbad, wo im guten Abstand zur Schneeschmelze ein paar Stadtstrand simulierende Kiesbänke freigelegt sind, gute Orte zum Schmusengehen. Oder unten am Flaucher, wo sie sich mal etwas großzügiger gibt und ihre ländlichen Wiesen ausbreitet.

»Die Au war eigentlich nicht München. Die Au war die Au«, schreibt Herbert Rosendorfer über sein »Valentinshausen«. Hier zeigt München sein Garten- und Flussland im Konzentrat. Die Isar offeriert sich nicht von selbst, und vielleicht kann man sie nur wirklich lieben, wenn man mit Thomas Mann eben schon weiter draußen mit ihr warm geworden ist, um sie schließlich mitten im Getöse der Stadt wiederzuerkennen.

Überhaupt scheint in München alles heilig, was fließt – wie das Bier. Es ergreift jede Minisaison als Gelegenheit, um sie mit starken Anfängen zu zelebrieren: Salvator-Anstich auf dem Nockherberg um den Josefi-Tag, Magdalenenfest im Hirschgarten, die Auer *Dulten* mit Mai-, Jakobi- und Kirchweihdult, Olympia-Sommerfest und, und, und. Konsequent verschafft sich München seine Frühlingsgefühle, die tief in den Herbst hinein warm bleiben.

Aber die Münchner Seele macht erst so richtig auf, wenn die Biergärten öffnen. Erst dann erobert sich das Bier seinen angestammten Ort zurück, erst dann herrscht wirklich Sommer. In manchen Biergärten findet Lebemünchen sein protagoreisches »Maß aller Dinge«, denn dank eines volksnahen Gesetzes von Ludwig I. darf jeder seine Brotzeit selbst mitbringen, wie beim Flaucher, am Chinesischen Turm oder im Hirschgarten. Der Augustiner Edelstoff, ausgeschenkt aus den traditionellen »Hirschen«, den 200-Liter-Holzfässern, kann zuhause immer nur halb schmecken. Unterm Kastanienblätterschirm bei *Radi* und *Riesenbrez'n* geht es besonders gemütlich zu und schneller als vermu-

Surfer am Eisbach im Englischen Garten

tet fallen Schranken: *Geh' weida, sitz' di zuwa!** Und die *Mass'n* klingen tausendfach. Jetzt begreift man, dass das Oktoberfest nur der Zieleinlauf für das Open-Air-Bier ist. Und es tut der Stimmung in der Stadt gut, wenn die *Großkopfert'n** und *Handwerksbursch'n* nicht mehr zu unterscheiden sind, das Bier, die *Ripperl* und der *Steckerlfisch* machen sie alle gleich wohlbefindlich. Zweifellos am besten ist das in der Rotwild- und Parkumgebung Hirschgarten vorgemacht, dass Stadt und Land gar nie auseinander gehen wollen.

Weniger weitsichtig ist es, wo die legere Lebensart ohne Not geglättet wird und ihre spannenden Widersprüche tilgt: Münchens Biergärten mit der mitgebrachten Brotzeit nehmen ebenso ab wie in Bayern die Kultur des gepflegten Rauchens.

STENZ TRIFFT SCHÖNE MÜNCHNERIN

Das Charisma Bayerns lebt auch in seinen Klischees. Sie werden dafür hartnäckig verteidigt. Es gibt da sogar einen klammheimlichen Stolz der Traditionskritiker und Abstinenzler, wenn sie – zum Beispiel auf Reisen als Bayern identifiziert – mit dem stabilen Ruhm der Tradition in Verbindung gebracht werden, seien es das Oktoberfest oder andere Rekorde. Das Bayerische genießt in der Restrepublik immer eine Art Sonderstatus: *a bissel* anders zu sein und nie ganz sicher, ob bemitleidet oder heimlich bewundert. Ist »heimliche Hauptstadt« nicht auch ein günstiger Titel, bei dem man gerne mitglänzt?

Das »männliche« München, das Triumphgebaren und der Stolz, und das »weibliche« München, die Lebensart und das Herz, treffen unentwegt aufeinander – Traditionskultur und Fortschritt im Kaisermarsch. Mit dieser Reibung bringt München auch seine auffälligen Charakterformate hervor, an denen es sein Profil schärft.

Ganz zum Prinzip München passend ist auch manches Personenklischee erfunden. Symbolgeladene Figuren von der allegorischen »Monachia« über den »Monaco Franze« bis hin zu Rudolph Moshammer werden zur Legende hochstilisiert, weil sich in ihrer Aura die geheimen Wünsche der Münchner erhalten. Gut Zoff für die Mythenpflege, die Dauerleuchtfeuer der Sehnsucht. Ob der »Münchner im Himmel«, das »Kgl. bayer. Amtsgericht« oder »Kir Royal«, München bringt sein Alleinstellungsprofil immer wieder aufs Neue auf die Bühnen der Selbstbestätigung. Zur Not helfen dann die Kolumnen und Karikaturen etwas nach und das Spektrum zwischen Sigi Sommers »Blasius«, dem »Herrn Hirnbeiß« und dem »Streiflicht« deckt alle Schichten ab.

Doch auch die Macht der Klischees ist konservativ. Da haftet ein Image, dem man nicht so leicht entschlüpft. Wenn es nach dem Nord-

folgende Doppelseite:
Der »ewige Stenz«: Helmut Fischer als »Monaco Franze« mit der Elli (Gisela Schneeberger), einer seiner Eroberungen

licht und Wahl-Münchner Thomas Mann ginge, hätte sich »der Bayer« in seine Brachialerscheinung zu fügen:

»Der hellblonde, spärliche, fransenartig den Mund überhängende Schnurrbart gab dem kugelrunden Kopfe mit seiner gedrungenen Nase und seinem ziemlich dünnen und unfrisierten Haar etwas Seehundartiges. (...) Die Wangen waren außerordentlich dick *[dickbappert]*, fett, aufgetrieben und gleichsam hinaufgeschoben zu den Augen, die sie zu zwei ganz schmalen hellblauen Ritzen zusammenpreßten und in deren Winkeln sie Fältchen bildeten. Dies gab dem solcherart verquollenen *[g'schwoin'a]* Gesicht einen Mischausdruck von Ergrimmtheit und biederer, unbeholfener, rührender Gutmütigkeit.«

Der Hopfenhändler Alois Permaneder in den »Buddenbrooks« wird zur Karikatur im Klischee, ohne realitätsfern zu sein, schildert doch auch der Echt-Münchner Feuchtwanger den »landesüblichen Rundschädel« ähnlich: »Aus dem rosig blassen, blonden Gesicht schauten gutmütige, wässrige Augen; langsam, verträglich kaute er zwischen Würsten Satzbrocken hervor.«

Um hier aber keinen Zweifel aufkommen zu lassen: Der typische, wahrhaft brachykephalische *G'schwoischäd'l* ist kein Fossil, sondern Bestandteil jedes Biergartens und Stammtischs, ob in München oder in Tölz oder in Straubing. Was aber auch für den Komplementärtyp gilt, der von drahtiger, hagerer Gestalt ist und mit einer Gesichtsfarbe wie nach eingefahrener Ernte. Ersterer könnte nie ein Landwirt, zweiterer nie ein Hopfenhändler sein; beide stehen sie für das Breitspektrum Bayern zur Aufrechterhaltung seiner Klischees, für seine erneuerbare Energie stehen sie nicht.

Das Gute am Bayern-Klischee ist, dass es zur Abgrenzung zwingt. Ganz den Prinzipien Jugend und Erfindung folgend bringt es die Traditionen überschreitenden und überspannten Formate hervor. Eines von ihnen verkörperte »Tscharlie« Häusler aus den »Münchner Geschichten«, der aus dem kleinbürgerlichen Stadtteil Lehel auszubrechen versucht. Ein besonderes Format aber ist der *Stenz*. Helmut Dietl und Patrick Süskind haben ihn verewigt, sie gaben ihm in Helmut Fischer als »Monaco Franze« ein Gesicht, das alle auf das

Land verstreuten auffälligen Sondertypen zusammenfasst. München hat den *Stenz* mutmaßlich erfunden, hervorbringen tut ihn aber jedes größere *Stadterl*. Der *Stenz* will dem städtischen Dorf beweisen, dass es mehr als ein Dorf sein kann, das es ist. In ihm karikiert sich die extravagante, libertäre Lebensart und zeigt Arroganz von einer sympathischen Seite.

»Der *Stenz*«, so Helmut Dietl, »ist von etwas windiger Eleganz, der herrschenden Mode immer einen Schritt vorausstolzierend« und vielleicht dem »Bellimbusto«, dem italienischen Schönling, verwandt. Mit dem gewichsten Schuh und dem fetten Ring macht er sich unter allen Umständen unterscheidbar vom *Strizzi*, dem man schon ansieht, dass »er nicht gerade von Arbeitswut besessen« ist. Das Kunststück ist, ein Frauenheld zu sein und doch glücklich verheiratet, einen Schlag bei den Frauen zu haben ohne aufdringliches *Matscho*gehabe:

»Für den *Stenz* ist das Weibliche die Welt schlechthin, in die er sich als *homo ludens* zu versenken sucht.«

Irgendwie könnte der *Stenz* doch kein Italiener sein.

Passend zum Charakter des Millionendorfs ist der *Stenz* eigentlich der dörfliche Typ, der zu der festen Überzeugung kommt, ein urbaner zu sein. Die Vorlage für den »Monaco Franze«, den »ewigen Stenz«, geht auf die realimaginierte Figur des Franz Münchinger zurück, der aus dem Glasscherbenviertel der Schwanthaler Höhe herauswächst und die Stadt »von unten« her aufmischt – als *Vorstadtstenz*. Nicht nur München, jedes Dorf bringt ihn hervor, ja erzwingt ihn, um den *altwederischen** Geist des Provinziellen zu befreien. Der *Stenz* geht dabei volles Risiko, denn er konjugiert das »ethnische Pluralsubjekt« *Mir san mir* zum egomäßigen *I bi i*. Dreisilbig und auf eigene Faust torkelt er zwischen seiner Wirkung und seiner Selbstvergewisserung. Seine Philosophie:

A bissel was geht immer.

In Bayern nennt man einen kleinen Jungen, den man besonders herausputzt, einen *feinen Maxi*. Es ist nicht belegt, ob dieses Lob wittelsbacherisch aufzufassen ist. Fest steht aber, dass jedes größere Dorf in Bayern an diesem leuchtenden Image erzieherisch arbeitet und so bei jedem halbwegs gutaussehenden Burschen die Keime für einen

Schöne Münchnerinnen: Uschi Obermaier, fotografiert 1973; Helene Sedlmayr, porträtiert um 1831

Stenzen legt: Auf dass er in würdiger Arroganz zeige, was sein Dorf – noch – nicht hat. Aber schließlich hat er nur sich allein und ist dann zum Gelingen verdammt. Mit der coolsten, bayerisch abgebrühtesten Allüre, die man sich im Prang der Ringe und Ketten nur anerziehen kann, stellt er sich als Speerspitze an die vorderste Front der neuen Bayern-Art und im Übrigen auch gegen das Brachialimage. So wie der *ewige Stenz* seine Frau, sein *Spatzl*, abgöttisch liebt, so pflegt auch der *Dorfstenz* sein aufreizendes Image: dass er ein *Mad'l* zwar hat und dass er sie trotzdem alle haben kann. Alles reine Kopfsache. Die Beziehung allein raubte ihm die Freiheit. Die Freiheit, auch die er nicht hat, ist ihm das Höchste.

Das weibliche Gegenbild zum *Stenzen* gibt es selbstredend nicht. Dafür *die schöne Münchnerin*, die seit jeher immer wieder neu erfundene Ikone der Männerphantasien. In diesem Sinne erschaffen hat sie – wieder einmal – König Ludwig I., der seinerzeit die schönsten Frauen landesweit »einsammeln« ließ, um sie von seinem Hofmaler Joseph Karl Stieler in der »Schönheitsgalerie« ausgestellt zu sehen. Sogar Heinrich Heine, immerhin auch seit 2010 in der Walhalla bei Regensburg vertreten, huldigt dem Monarchen:

»Er liebt die Kunst und die schönsten Frau'n
Die läßt er portraitiren;
Er geht in diesem gemalten Serail
Als Kunst-Eunuch spazieren.«

Noch heute hängen die verträumten Blicke der Touristen an den Gesichtern bayerischer Schönheit im Nymphenburger Schloss. Mit dem Porträt der Trostbergerin Helene Sedlmayr legte Ludwig sich auf das erotische Stereotyp schließlich fest. *Die schöne Münchnerin* wurde eingekleidet, wobei mit der Riegelhaube und der beschürzten Frauentracht auch gleich so etwas wie eine bayerische Nationaltracht ausgerufen ward. Die »positive Diskriminierung« (so in »Typisch München«) der Münchnerin zeigt sich bereits in einem Pariser Kupferstich um 1800 mit dem Titel »La jolie Bavaroise de Munich«. Das profane Scheitern des Monarchen selbst, der dem Charme der Bolerotänzerin Lola Montez verfällt, ist bayerische Ironie des Schicksals.

Das weibliche Format setzte fortan den Maßstab über die Zeiten. Wenn man so will bis zum geilen Narziss der selbstinszenierten Uschi Obermaier, deren Wirkung eine Erfindung war wie alles am Prinzip München. »Schöne Mädchen«, schreibt Annette Kolb, »hatten in München an sich, durch ihre Schönheit, eine Position.« Mehr als anderswo?

Das Zauberwort heißt »Imagepflege« und ist ganz wörtlich aufzufassen. München nimmt sogar in der Kleidung den Faden der Geschichte auf. Die Folkloretracht, die es in Mitteleuropa nur in Bayern bis in den Alltag der Moderne schafft, heißt *Dirnd'l* und *Lederhos'n*. *'s Madl* macht sich im *Dirnd'l* fesch und begehrlich und der Bursch sich in der *Lederbux'n** stramm und kernig, schließlich zeigt man Busen und *Wadl'n*, um sich vor etwaigem Alter zu verkleiden. Vielleicht täuschen ja der rüschige Ausschnitt am *Dirnd'l* und das Riesen-*Hosentür'l* an der *Lederhos'n* sogar eine hinterfotzige *Fensterln*-Erotik vor, wenn Altbayerisches und Unschuld optisch sich treffen.

Es erstaunt ja schon, dass das Bild Toni Arons von der »schönen Coletta«, der Kellnerin um 1885, sich nur unwesentlich von der heutigen feschen Wies'nbesucherin unterscheidet. Schließlich kommt *fesch* von *fashion* und bedeutet, dass bayerische Mode die Zeiten übersteht. Ich habe es auf der letzten *Wies'n* selbst getestet. Von zehn jungen Frauen und Männern kamen bestimmt sechs in Tracht. Statistisch und übers Jahr gerechnet: 39% der Oberbayern, 33% der Münchener, 31% der Niederbayern und 25% der Oberpfälzer tragen »voll und ganz« oder »überwiegend« gerne Tracht (»Ansichtssache Bayern«). Chris Tomas vom »SZ-Magazin« ruft uns dabei in Erinnerung, dass die Verbindung von Oktoberfest und Tracht auf eine Erfindung des Münchner Stadtmarketings zur Bewerbung der Olympiade 1972 zurückgeht. Auch wenn Frank-Markus Barwasser (alias Erwin Pelzig, seines Zeichens Unterfranke) das für »bayerischen Neoseppilismus« hält, erstaunt doch das »neue« Selbstbewusstsein, mit dem man Busen und Wespentaille, *Wad'ln* und Knackarsch herzeigt, wie man in globalen Zeiten zum puren Klischee steht – wie sich Omas *G'wandschrank** mit dem zünftigen Zeitgeist versöhnt. Und plötzlich wirkt in heutiger Zeit das barocke Trachtige sogar wieder reichlich zeitgemäß.

Klar ist aber auch: Das Zurschautragen der Tracht gilt hauptsächlich für München und Oberbayern. In Niederbayern und in der Oberpfalz hat zumindest die Schürzentracht eine durchaus defensivere Bedeutung. Meine Mutter, eine gestandene Rottaler Bauerntochter, bestätigt mir, dass das *Dirnd'l* eigentlich die Haus- und Arbeitstracht war, die es erst vor fünfzig Jahren überhaupt zur Ausgehtracht geschafft hat.

Die jungen Menschen in Bayern jedenfalls tragen ihr *Dirnd'l* und ihre *Lederhos'n* nicht ohne Absicht zur Schau. Man spürt den Stolz, unterscheidbar zu bleiben, ein Exklusivwert in der globalisierten Mischkultur mit steigender Tendenz. Die Tracht ist eine Art Lokaldemonstration, man zeigt »seine« Volkskultur – vor aller Welt. Das eingekleidete *Mir san mir* wird zur Botschaft: Man gibt sich ländlich, katholisch, konservativ, ob nun schwarz oder grün. Das gilt für Jung und Alt ebenso wie für den Politpromi und den Bauern. Auch die aus der Rosenheimer Gegend stammende Bundeslandwirtschaftsministerin sieht man schon mal im *Dirnd'l* vor die Presse treten, beim Starkbieranstich sowieso. Klar bleibt dann immer, woher frau kommt.

In diesem Sinne ist das Oktoberfest Münchens größte Bühne, wo nichts als der Hauptakt der Selbstdarstellung in Eigenregie gespielt wird. Dort zelebriert München seine Typen, denn es wimmelt vor *Stenzen* und *schönen Münchnerinnen*. Ödön von Horváths Kasimir war bestimmt nicht der *Stenz* und Karoline nicht die *Schöne Münchnerin*, aber sie haben sich im schönen Schwindel der Achterbahn einen Oktoberfesttag so fühlen – und es zeigen dürfen. Und auf den vielen *Dult'n* im Land ist das nicht viel anders.

Wie g'sagt: A bissel was geht immer.

DIE UMARMUNG DER BREZ'N

Die Münchner *Brez'n* ist das bisher unerkannte, weil profanste Symbol der Münchner, auf Eigenart zu pochen. Denn die *Brez'n* leistet dem republikweiten wabbeligen Einheitsteig erfolgreich Widerstand und erhält der bajuwarischen Urart ihre Form. Lassen wir die unzähligen Abarten von Brezen, Bretzeln, Bretzla, Bretzga und wie sie zwischen Backnang und Berlin auch heißen mögen, beiseite, gehen erst gar nicht ein auf Erstbackrecht und Kopieschutz und widmen uns dem Backform gewordenen Münchner Eigensinn.

Denn Eigensinn, der sich selbst begreift, ist gut.

Abgeleitet von *brachium* (lateinisch: Arm) stellt die *Münchner Brez'n* geschlungene Arme dar. Sie begreift sich selbst. Die Arme halten die Gesamtform umschlungen und damit zusammen. Die Figur lässt in der Selbstumarmung ein mittiges Herz erkennen, womit man sich mag und hätschelt. Für das zünftige Gemüt schaukelt sich die Form auf der *Brez'n*basis ab, Gleichgewicht prüfend und Fundament wahrend. Solcher Art ist die *Münchner Laug'nbrez'n* die jederzeit wie die bayerische Hostie einverleibbare Hymne an die Eigenart, Pflichtbeilage zur *Weißwurscht*, Ausdruck bayerisch-inniger Körperlichkeit und verschlungener Herzlichkeit, braungebrannt, aufgerissen, gesalzen, mit dem Knack knuspriger Gefühle und langlebiger Frische.

In der *Münchner Brez'n* nimmt die Aussage des *Mir san mir* Gestalt an, über allen Wankelmut erhaben. Hier gewichtet sich die bayerische Seele selbst, in wohliger Behäbigkeit, in Bayern *G'miatlichkeit* genannt. Und nicht in Übergewicht, wie im Schwäbischen und Badischen, wo sich über dem Basislaib nur noch klägliche Ärmchen umschlingen; oder im Berlinerischen, wo sie blassblond und ausgelaugt daherkommt und mit Salz bestäubt anstatt anständig gesalzen; oder noch woanders, wo man sie in Lauge schier vertunkt, auf dass man ihr die bleibende Frische nimmt und dafür ein glanzloses Aussehen verpasst. In München geht nix mit Teiglingen aus Tschechien, nur weil die *Brez'n* dann billiger wird und schneller daherkommt. Das Teure an der *Münchner Brez'n* ist gerade billig genug. Über den Preis stimmt der Geschmack ab, ein Grund, warum München so teuer zu sein sich einfach erlaubt.

So wie die *Brez'n* ist, dass sie es schafft, sich selbst zu umarmen, so *woll' mer sei', so samma!* Wer will sich da nicht gleich mitaufbrez'ln lassen!

WIR SIND LAND

*Bayerischer Löwe, ich kehre gern unter deine –
fast hätte ich gesagt ›Fittiche‹, um dieses Gefühl
guten Geborgenseins zu bezeichnen, das mich
immer wieder auf bayerischem Boden empfängt.*

WERNER BERGENGRUEN, 1934

*Der Mensch war nichts anderes als das Tier. Die Pflanzen
des Gemüse- und die Bäume des Obstgartens, der Wald,
die Äcker und Felder unterlagen denselben Wandlungen.
In dieser Allgegenwart von Keimen, Reifen und Vergehen lebten
die Aufhauser Kinder seit Anbeginn, und jahrauf, jahrab
nahmen der Sinn und das Auge diesen ewigen, gleichmäßigen
Wandel ohne Staunen und Ergriffenheit wahr.*

OSKAR MARIA GRAF, 1940

DAS BLAUE AM LAND

Das Jahr 2011 ist zum »Blauen Jahr« erklärt worden, so Tourismus-Chefin Gabriele Weishäupl, denn vor 100 Jahren präsentierte »Der Blaue Reiter« seine erste Ausstellung in München und der Todestag von König Ludwig II. jährt sich zum 125. Mal. Beide waren Liebhaber des *Blauen am Land*. Lassen wir uns von Wassily Kandinsky über die Farbe in die Landschaft führen:

»Blau ist eine typisch himmlische Farbe, die den Menschen in das Unendliche ruft und in ihm die Sehnsucht nach dem Reinen und Übernatürlichen weckt.«

München einzusehen und zu lieben, seine Gegensätze zu verstehen, das geht nicht ohne *'s Land*. Landschaft, die nie aus der Stadt ausgezogen ist, Stadt, die das Land nie ausgesetzt hat. Die Stadt hat die Wunder, aber das Land ist heilig. Im Ländlichen, Bäurischen, das vor und um München herum sich ausbreitet, holt München immer erst noch tief Luft und tankt seine Seele. Dem Münchner Eigengewächs ist das so selbstverständlich, dass es die Extraluft für seinen Atem hält.

Minga is net Minga ohne 's Land. Denn München ist mehr als nur die Stadt, seine Kunst, sein Bier. Der innere Kompass führt des Münchners Blick verträumt gen Süden. »Eine schöne, glückliche Fläche« tut sich dort für Werner Bergengruen auf, denn »ein tiefblauer Bayernhimmel spannt sich aus mit schneeweißen Wolken gleich pausbäckigen Barockengeln.« Gleich hinter Grünwald am Starnberger See beginnt der Süden schon, gefühlt noch als Münchner Stadtteil. Segelboote, wohin man schaut, einladende, biergartengesäumte Ufer, Landruhe mit Tagungsstättenatmosphäre und Fahrradroutenromantik, das alles scheint dem Münchner Großbürgertum wie einverseelt. Eine Gegend auch voller Mythen: Schloss Possenhofen mit der Kind-

vorhergehende Seite:
Monopteros im Park von Schloss Linderhof

heit von Ludwig II. und seiner Cousine Sissi, die Kleinstortschaft Berg, wo der König unter mysteriösen Umständen ertrank, wo Oskar Maria Graf geboren wurde und aufwuchs, wo Peter Gauweiler herkommt, wo Tutzing tagt und wo Habermas sein Denken lüftet. Näher als in dieser Zone können sich München und Bayern nicht kommen.

Jenseits des Starnberger Sees verschmilzt die Aura der Großstadt mit der Landschaft, als träfe sie schon hier auf ihre Toskana. Dort liegt Relief-Bayern ausgebreitet und man sieht mit Annette Kolb »zu den Bergen hin, den göttlichen Kulissen dieses Landes«. Für den Münchner ist das einfach *'s Land* und das heißt immer: raus aus der Stadt, *aussi auf's Land! eini in die Berg'!* Gefühlssicher ortet die Wünschelrute im Gemüt die Adern der Isar und der Ammer und der Loisach. Schnell richtet sich die Wahrnehmungsarchitektur so ein, dass das Oberland vor der Alpensilhouette wie ein riesiger moränischer Landschaftsbalkon wirkt, wo sich die klobigen Bauernhäuser mit ihren einfassenden Geranien- und Petunienbalkonen einnisten, bilderbuchhaft, fortschrittsvergessen und lebenswohlig. Die in Blumenbarock geschmückten Balkone muten wie gottgewollte Statussymbole an: Wir schmücken unsere Häuser mit den Farben der Wiesen und der abendlichen Sonne; wir lieben unsere *Lüftlpaläste**; wir sind der Kitsch, in dem wir uns wohlfühlen; *so leb'n mir, so samma*, eingetopft wie die Blumen.

Das Alpenvorland ist die Naturmetapher des Eingeboren-Bayerischen, aber auch Seelenlandschaft wie mit Bildern von Lovis Corinth, weil alles da und bestens eingerichtet ist: Schlösser, Seen, Flüsse, Klöster, Wirtschaften, Berge. Und das Bier. Mit dem Bier schwebt man in die Wolke bajuwarischer Illusionen. Hier findet Disneyland sein bayerisches Original.

Wir brechen zu einer kleinen Reise auf, wo sich Land und Geist zum Kunstbild vereinen, im »blauen Land«. Wir lassen Chiemsee, Tegernsee, Schliersee, Königssee beiseite, wo sich längst Tourismus und *Großkopferte* zur aufdringlichen Synthese mischen und wo der Mythos der Berge und der Seen die Mentalität der Bayern schon schweizgleich beschlagnahmt.

»Allee vor Berg«, Ölgemälde von Gabriele Münter, 1909

Nein, gehen wir zum Kochelsee, schauen in ihn *hinein* und sehen darin *das Blaue am Land* sich spiegeln; sehen dann hinaus, auf das Loisachmoor, wo Wasser und Berge sich eine Fläche gemacht haben. Dort malte Franz Marc sich den Schmerz seiner Ahnungen aus der Seele und den Bayern aus dem Unterbewusstsein. Was die Angestammten so nicht sehen können oder nicht mehr wahrnehmen, weil es ihnen Tag für Tag nah ist und wie einverleibt, übersetzt der Maler in die Farben des Himmels und der Berge im frühabendlichen Dunst, der das Blau regelrecht transpiriert.

Und erst in der Landschaftsvision wird das Blau zum neugeborenen Gefühl. In den Hotels dort hängen manchmal seine blauen Pferde in schlechten Kopien an der Wand, als handele es sich um zwar spinnerte, aber unverzichtbare, dann doch eigene Heimatmalerei. *Ja, der Marc, der war frühers aa scho a Zeitlang do!*, heißt es dann mitwisserisch.

Es ist aber auch unfassbar: Zwischen Kochel am See und Murnau scheinen sich in den Mooren der Loisach und des Staffelsees alle schroffen Kontraste zwischen München und Alpen zu vereinigen. Ein landschaftliches »Künstlerparkviertel« in Licht und Blau, in Fokus und Perspektive, das Geist anzieht und ebensolchen wieder hervorbringt. In den Mooren trifft Idylle auf gefühlte Weite, als würde sich das ansteigende Oberland eben noch eine Atempause gönnen. Moore bleiben unantastbar und sie wollen mit ihrem hermetischen Geruch des natürlichen Moderns geschützt sein. Dafür lassen Jachenau und Estergebirge Ferne greifen und halten die Illusion aufrecht, dass Höhe und Weite ganz beisammen kommen können. Schon von kleinen Hügeln herab erlauben sich beinah intime Einblicke in jeanpaulhafte Kleinode von Landschaft.

So findet Kunst Auslauf und Trost und Halt in geschaffener Heimat – jenseits der Stadt.

Vielleicht ist Wassily Kandinsky das triftigste Beispiel für die Erwirkung von Heimatgefühlen sogar im Fremden. Im Münter-Haus in Murnau schaue ich mit den Augen des Künstlerpaars über den Steingarten hinweg auf das von Landschaft gerahmte Dorfszenario, auf das Murnauer Schloss und die Pfarrkirche St. Nikolaus. Dort, im anmutigen Türmchen, bleiben meine Augen hängen, und im Gesichtsfeld kreist die ländliche Marktaura. Der Hintergrund ist blau und macht den Horizont fern. So mögen Vorentscheidungen für Motive entstehen, denn hier, im Blauen Land, haben sie die Tiefe der Seen im Kontrastlicht des weißblauen Himmels. Ein Gefühl für Heimat kommt auf, die wir noch nicht kennen.

Idyllen bergen einen Zauber der Ablenkung und der Konzentration zugleich. Wer sich da vereinnahmen lässt, dem schwinden die Sinne; wer fähig zum Übersteigern ist, der sieht dann auch *alles* mit neuen Augen. Idyllen machen Hoffnung, wenn woanders der Irrsinn tobt. Kein Wunder, dass diese Zeit vor dem großen Krieg das Expressive hervorbringt, dass der sehnsüchtige Blick der Verfolgten selbst Unscheinbares in tiefes Rot und leuchtendes Gelb und strahlendes Blau, den Farbenakkord von Matisse und der »Fauves«, taucht, um es ab- und hervorzuheben aus der Normalität des missbrauchten Alltags der Gefühle. Kandinskys Augen machen die Unschuld der Landschaft erst wieder sichtbar. Solche Landschaft war für das Liebespaar Kandinsky/Münter sonst nur noch das oberpfälzische Kallmünz.

Unbedachte, einfach hingenommene Heimaten haben das gefährliche Zeug zur Implosion, besonders in Bayern. Denn sie können einschläfern. Das allerorten von Landschaft und Architektur angebotene Wohlfühlschauspiel ist komparsisch, wie ein Statist am Theater, und verführt zu den Gedanken des ewigen Bleibens. Für den Intellektuellen wird der uneingestandene Wunsch zum Bleiben aber zum unaufhörlichen Fluchtversuch. Er fühlt sich irgendwo »weg«, willkommen im Woanders, zum Bleiben aufgefordert, aber doch nicht ganz da. Eine Heimat auf Reisen, die das Adrenalin beschwichtigt und für zeitweilige Harmonie sorgt. Für Kandinsky, Münter, Marc, Jawlensky, Werefkin und alle, die in bewegter Zeit das Idyll gewählt haben, bringt sich der Bleibzwang in den expressiven, »synthetischen« Naturabdrucken zum Ausdruck. Umklammerte Gefühle und eingefasste Sinne geben dem unbändigen Intellekt den Halt, den er in unfertiger Zeit braucht.

Aber noch spiegeln sich in den Murnau-Studien der Sehnsüchtigen Zustände zwischen Gefühl und unfertiger Theorie. Draußen im oberbayerischen Moor spielt Untergang seinen Naturakt. Eingesunkene Seen mit dem Versteckspiel der Rohrdommeln lassen ahnen, wie es kommen könnte, überall!, gerade weil ringsherum die Kirch- und Klöstertürme immer schon und immer noch dem Vergangenen und noch Überlebten huldigen.

Das bayerische Oberland – und hier zählt das schwäbische Oberallgäu mit – ist das Land mit den tausend Heimaten. Sanft steigt es an, es pausiert in den Seen, lässt einen bei Atem. Niederbayern, das sich diesseits des Bayerischen Waldes mit halbwüchsigen, toskanesken Bergen zu begnügen hat, und die Oberpfalz, wo sich das Land bis hoch ins Fränkische im Kalkjura schon schweizerisch gibt (in der »Steinpfalz«), haben die Seen nicht. Vieles redet sich dort auf die Donau hinaus, die Claudio Magris den »alten Tao-Meister« und Renate Just den »bayerischen Amazonas« nennt, gerade so, als hätten schon Regensburg, Vilshofen und Passau ihren freien Zugang zum Meer. In Oberbayerns Wasser gewordener Eiszeit lassen sich die Adrenalinüberschüsse der Stadt gussweise abkühlen: alle paar Kilometer ein neuer See und insgeheim scheint alles, was wirklich wichtig ist zwischen Skifahren und Stadtbummel, in bleibender Reichweite. Weiß und Blau spiegeln die Landesfarben in Himmel, Wolken und Wasser, als sei der Eindruck ewig schon da. Die Pferde sind blau geworden und die Berge rot.

Die Menschen, die im Oberland leben, wissen von all dem nicht viel. Sie fühlen ihr Land, und ihr *Mir san mir* hat einen klammernden Klang. Permanente Nähe macht blind für den Rest. Für die Einheimischen liegt hinter der Bergesilhouette eben Österreich, als eine Art natürliche Fortsetzung von dem, was sie kennen. Erst der Fremde zieht das Ferne in das Nahe herein. Er weiß, dass sich hinter dem Estergebirge und der Mangfallkette auch andere Horizonte auftun. Sein Blick auf den Rabenkopf wähnt ihn schon im Diesseits von Italien.

Von da aus, vom Oberland nach München – *auf Minga* – zurückgefahren, fühlt sich nun an wie eine Ankunft der Wiedergeborenen. Vielleicht ist ja so Franz Marc der Spruch eingefallen, Kunst sei, an einem anderen Ort wieder aufzutauchen. Was sich in Kochel kristallisiert hat, karamellisiert in der Hauptstadt der Kunst zu einer höheren Mischung aus Ästhetik, Konservatorium – und Ehrgeiz. Eigentlich haben wir das Blaue Land schlagartig verlassen und wundern uns nun, wie wir doch Mosaike von allem in München wieder antreffen, um sie, zum Beispiel zu Gast in der Galerie Lenbach oder in den Pinakotheken, in neue Architektur eingebettet zu erleben. Was im Marc-Museum bei Kochel am See noch eingefangen war, findet sich im Lenbachhaus nun ausgebreitet, wo München schließlich für den wahren Sammelpunkt allen Prunks, aller Sehnsucht und aller Vision steht. Es ist schon mysteriös, wie einem hier der Blick in den Kochelsee wieder in den Kopf steigt und wie einem im Englischen Garten wieder große Landschaft begegnet.

Unverhofft wirkt das Elitäre an München seltsam zugänglich und das Isarmetropolendorf offenbart nun wieder sein ländliches Herz. Und man begreift Else Lasker-Schülers Worte:

»Eine Riesenkommode ist München, aus einem bayerischen Alpenknochen gehauen. Man kann so andächtig kramen in München und ausruhen auf gepolsterten Erinnerungen. Hier freut man sich seiner selbst …«

DAS SCHWARZE AM LAND

Weit draußen auf dem Land gibt sich Bayern noch ungeschützt. Nichts mehr mit Überschwang, Fortschrittsdrall und Weltoffenheit, die München bietet, dort leuchten noch die Heiligenscheine von Erzglauben und Erzgeschichte, die eine Art Urseele des Bayerischen verwahren. Die Menschen leben ihre Tradition und halten sie fest. Sie haben es sich wohlig eingerichtet und wollen nicht, dass es gestört wird. Ganz plötzlich ist das Land nur schön und einsichtig – und fortschrittsvergessen.

Und der stille Glauben ist ihre Heimat mit wie vielen Epizentren. Eines davon ist die schwarze Muttergottes von Altötting, verehrt als Patronin Bayerns. Ich sehe noch heute die Pilgergruppen auf der B12 wandeln, um wenigstens einmal im katholischen Mekka gewesen zu sein. In der Verehrung verschwimmen alle Grenzen, Demut verbindet das Volk mit dem Hause Wittelsbach, den Habsburgern und sogar mit der Österreicherin Maria Theresia. Auch das Herz König Ludwigs II. ist in der Gnadenkapelle begraben.

Es gibt derer Tausende von katholischen Tempeln für das ausgewalzte tiefreligiöse Gemüt der Bayern. Kirchen, Kapellen, Klöster ohne Ende. Die Klöster waren es auch, die dem Städtewesen südlich der Donau Gesicht und Charakter gaben – und den Geist des Geistlichen. Seit Jahrhunderten genießen sie den Status der höheren moralischen Instanz. Wer mit seinen Kindern wirklich Großes vor hatte oder mit ihnen nicht fertig wurde, steckte sie ins Internat, und das war meistens katholisch. Schluss dann mit Schöngeisterei und Anarchie, die Kirche gilt als Garant für die gerade Bahn, notfalls sogar mit den paar *Fotz'n** mehr als woanders üblich. Der Schreiber dieser Zeilen hatte hier noch Glück, denn er landete »nur« im Kloster-Kindergarten mit allesamt lieben Schwestern, auch wenn die Oberin Alfonsa mit einer strengen Anstaltsgrandezza herrschte, die dem System Kirche eine menschliche Gestalt gab. Der klösterliche Alltag war hermetisch durchformatiert – es gab nichts geschenkt, alles sollte erbetet und ersühnt werden und der gehasste Grießbrei hineingewürgt bis zum Erbrechen. Im Sandkasten von irgendeinem Kind traktiert, wurde nicht der Täter bestraft, sondern Täter *und* Opfer Sühne auferlegt. Das Wichtigste schien zu sein, zu lernen, dass das Leben auf der Grundschuld aufgebaut ist. Erbsündenmentalität. Das Kloster – die Klausur – machte seinem Namen alle Ehre, der Geist war eingezäunt, dafür der Weg nach oben – zum Herrn – umso offener. Das vertikale Glaubensbekenntnis als Erlösung von allen Mauern.

Der Dorfpfarrer war das Scharnier zwischen Himmel und Erde, sorgte für Allpräsenz des Heiligen, bei Taufe (Weihe), Kommunion (Zusammenhalt), Firmung (Festigkeit) und Trauung (Treue). Einen wahrhaftigen Bischof bekam der Mensch in aller Regel nur einmal im wirklichen Leben zu Gesicht, nämlich bei der Firmung, wo das Bekenntnis der Zwölfjährigen von höchster Instanz fest versiegelt wird – und mitausgestattet mit dem Dispens der Beichte, um einem auch über die sündigsten Gedanken hinweg zu helfen. Wochen vor der Firmung hatte man uns Kinder, Alpträume auslösend, auf den perfiden Akt vorbereitet und behauptet, eine Eisenkette durchbeißen zu müssen, um vom Bischof den Segen zu bekommen. Ich hielt das lange Zeit für eine Lokalspezialität, bis mich der Landschriftsteller Wilhelm Dieß in »Das Geständnis« von der flächendeckenden Wirkung des bizarren niederbayerischen Brauchs bestätigte. Am Firmungstag erst, beschenkt mit der traditionsgemäßen Uhr, löste sich die Spannung, als der Bischof den *Buam* und *Mad'ln* väterlich mit der Hand über den Kopf strich. Nun erst die Erlösung, Prüfung bestanden. Später fragte man sich nach dem Sinn der mentalen Folter mit der Eisenkette. Um den Sinn von Erlösung schon früh zu erfahren und zu lernen, wie man sich im Leben durchbeißen muss?

Die Rituale der Kirche halten die Menschen in ihrem Seelenleben zusammen, sie sind das Zaumzeug für das rechte Denken. Deshalb glauben die tiefkatholischen Bayern fest an den Wert der Besinnung und der Verehrung des Guten. Sie glauben nicht einfach, sondern sie glauben dem Glauben, der »unsichtbaren Hand« Gottes, und sie misstrauen dem Wissen, das morgen wieder ein anderes sein könnte. Bei Ludwig Thoma heißt es in »Moral« (1909):

»Mit der Moral ist es wie mit der Religion. Man muß immer den Eindruck haben, daß es eine gibt, und einer muß vom andern glauben, daß er eine hat. Meinen Sie denn, daß es noch eine Religion geben würde, wenn die Kirche unsere Sünden öffentlich verhandeln würde?«

So steht Zeit still. Und keiner klagt.

Die Religion und der Glauben an sie hat sich ihre architektonischen Zeichen geschaffen: Kirchen, Kapellen, Klöster aus Gotik, Barock und Rokoko zeigen an, wie alt diese Geschichte ist und was sie im Innersten so streng zusammenhält. »Ultramontanismus« hat das Ludwig Thoma genannt. Es gibt wahre Juwele, spektakuläre und unscheinbare. Eines der prächtigsten Rokoko-Juwele ist die Wieskirche bei Steingaden mit dem berühmten Bildnis des »Gegeißelten Heilands«. Hunderte von fast unbekannten kleinen Kirchlein gibt es daneben, die alle Anspruch hätten, etwas Besonderes zu sein, sei es die »Siebenschläferkirche« bei Rotthof, die nur noch in der Normandie eine »Verwandte« hat, oder die Wallfahrtskirche in Sammarei, die »Wieskirche Niederbayerns«, die über einer Holzkapelle aus dem Mittelalter erbaut wurde. Die Reisen durch diese Live-Geschichte im bayerischen Land scheinen unerschöpflich, faszinierende Stationen von Kunstgeschichte und Sakralbau, von imposanten Kuppeln und italienischen Gnadenbildern, die dem rustikalen Land den Dauersegen geben. Seit ich den unfassbaren Klang aus der Passauer Domorgel mit ihren 17.974 Pfeifen im Ohr habe, sind Kirchen und Musik für mich eins. Ich höre Händel oder Bach, selbst wenn es in Kirchen totenstill ist. Aber im Kloster zu Benediktbeuren bekam ich Gänsehaut, denn ich meinte für den Moment des Da-Seins, Carl Orffs »Carmina Burana« (lateinisch: »Beurer Lieder«) in vollem Klange endlich als Aufruf verstehen zu können.

Es gibt Dörfer, die *nur* aus den Abteien, Stiften und Klöstern zu bestehen scheinen, Andechs, Benediktbeuren, Ettal, Metten, Weltenburg und wie sie heißen. Sie stehen wie archaische Mahnmale im

17.974 Pfeifen kann die Passauer Domorgel zum Tönen bringen

schönen Land. Diese Klöster *sind* schon das Dorf – und spielen Welt. Ihr Innenleben ist tabuisiert und eine Art klerikaler Underground. Der Besucher wird mit Architektur und Kunst bereichert, aber auch abgespeist, denn man kommt nicht wirklich hinein. Dafür bleibt dem hungrigen Geist der Glaube, mit dem sich immerhin Heiliges und Scheinheiliges noch trennen lässt.

Die Unnahbarkeit der katholischen Architektur strahlt auf das gläubige Land aus, und jeder weiß, dass Gott in der Nähe wohnt. Man fühlt sich geborgen, sogar unangreifbar und erlaubt sich den selbstgewissen Wortgeiz. Dafür macht das Bier den Glauben wieder flüssig und das Heilige wird schon mal wohltuend profan. In der Fastenzeit darf man sogar offiziell ein wenig scheinheilig sein, denn das Bier ersäuft manch schlechtes Gewissen. Wird da gar auf hohem Niveau mit Gott taktiert? Wer weiß, ob diese Räusche, ohne feste Grundlage im Magen, dann immer im Sinne des Herrn ausgingen.

DAS GRÜNE AM LAND

Das Land als Wert an sich ist dem Bayern heilig. Je weiter draußen aus München – was immer den Süden meint, nie Ingolstadt oder Donauwörth –, desto stärker werden die Vorgaben der Natur. Natur wird »sakramentalisch«, wie Franz von Baader gesagt hätte, Oberland und Hinterland begründen ihre Tradition mit der Natur – die einen ästhetisch, die andern existentiell. Man sollte immer wissen: Bauern sind Wetterpropheten, Erdphilosophen und – wären sie nicht so gläubig – man könnte sie für Existentialisten halten.

Die Vollabhängigkeit von Natur bringt sie in den Rang des guten Gewissens, das ihnen Heilige mit Zähnen und Klauen zu verteidigen. So mancher Spaß hört dann schnell auf.

Da Bayernland hauptsächlich Bauernland ist, bedeutet Arbeit knochenharte Arbeit, die sich ein Beamter oder Städter gar nicht vorstellen kann. Achtzehnstundentage. Die Sorgen der Bauern kommen dem gelebten (und gelittenen) Augenblick mit großer Sicherheit am allernächsten. Jahrein, jahraus praktizierte Echtzeit in wörtlich zu nehmender Bodenständigkeit. Zukunft spielt sich in der Gegenwart ab. *FJS'** Präsenzpolitik konnte sich stets fest auf die Bauern verlassen, sie waren seine politische Bank. Die Symbiose »CSU = Bayern« hat deshalb funktioniert, weil die Politik offiziell aufs Land *gekommen* ist. Vilshofen bzw. Passau im bayerischen Jenseits waren ausgesuchte Orte, wo sich das radikale Wort nicht erst Gehör verschaffen musste. »Strauß kommt«, wie auf dem Karpfhamer Volksfest, verhieß eine tief in die schäumenden Masskrüge getunkte *Mir san mir*-Politik für die Kleinen. Mit Beckstein und Seehofer ist das durchaus anders geworden. Heute kommen sie nur, wenn sie etwas wollen, und im Abstand der Legislaturen. Um Stimmungen geht es, nicht um Stimmen.

Passt die Politik heute nicht auf, breitet sich der *Grant** des Einzelnen auch epidemisch aus, im *Volks-Grant* und Stimmungsbarometer für die Weichen der Politik. Gereizte Bauern verschaffen sich Gehör, notfalls vom Thron des *Bulldogs**. Wenn alle Stricke reißen, hält die Bayerische Verfassung das Volksbegehren bereit, über die sich unerhörte, manchmal fanatische Mehrheiten erzwingen lassen, um überschüssigen Zorn zu entladen. Der gut beratene Politiker wird sich deshalb regelmäßig das wortmächtige *Gekrat'l** der Bauernstammtische anhören, um zu erfahren, wo *'s Fahndl** im Wind weht. Der *Volks-Grant* ist nämlich keine hinwegzuredende Laune, sondern das aufgestaute Gefühl, dass das heute vermisste Glück auch morgen nicht kommen will, zumindest nicht automatisch.

Für Experimente geht's da selbstredend eng zu.

Gelegentlich prallen das *Mir san mir* des stabilen Denkens und der sogenannte Fortschritt aufeinander, dann aber heftig. Dass in Landshut, Regensburg oder München *bloß o'g'schafft* wird, geht nicht! Dann ist es vorbei mit der bayerischen Eintracht des weiß-blauen Heiligenscheins, der sich sonst landesflächendeckend über alle Differenzen spannt. Was in Bayern zu Fortschritt wird, muss durch harte Prüfungen. Die Lebensphilosophien der Städter und der Landler scheinen wie von zwei Welten.

Schauen wir uns einmal den Streit zwischen München und den Garmischer Bauern um die Olympiabewerbung 2018 etwas näher an, und zwar unabhängig davon, dass München das Rennen gegen Pyeongchang verloren hat. Auch hier geht's um Experimente, Fortschritt genannt. Es geht um nichts Geringeres als um den Gegensatz zwischen dem *globalen Unternehmen* Olympia und dem *lokalen Unternehmen* Landwirtschaft. Diese Schere steht weit offen und auch Bauern gucken inzwischen fern: Sie wissen von den platt gemachten Siedlungen in Südafrika bei der Fußball-WM 2010. Mitten im tiefsten Bayern und weitab von München bekommt das sonst eher gedachte *Mir san mir* den lauten Klang der Revolte. Mit der Zugspitze als Rückendeckung steht »Blumenwiese gegen Zieleinlauf« bei der Ski-Abfahrt am Gudiberg. Die Bauern lassen schon den inneren Film der Olympiatrailer

folgende Doppelseite:
»Uns geht es nicht ums Geld, sondern um Idealismus«: die Olympia-Gegner Anton Hornsteiner (rechts) und Johann Gamsler

ablaufen, und da hilft es nichts, dass man im Winter am Fuß der Zugspitze den Anblick der Wiese gar nicht missen wird. Hören wir in die O-Töne der Bauernbasis (»SZ-Magazin«):

»Das Land würde nach Olympia nie mehr so sein, wie es war, wenn der Boden erst einmal abgetragen ist.« (Karl Angermeier)

»Das Vieh ist unsere Leidenschaft.« (Anton Hornsteiner)

»Wir wollen unsere Obstbäume stehen lassen.« (Theo Geyer)

»Die Blumenwiese bleibt.« (Josef Glatz)

War David gegen Goliath nicht der Klügere? Nein, es geht hier nicht um Romantik. Das *Mir san mir* dreht sich ab von der Profitschraube und ausgerechnet das Bodenständige wird zum Idealismus, aus Überzeugung. Ignaz Streitel saß dreißig Jahre im Stadtrat und war Vorsitzender der Garmischer Weidegenossenschaft und gesteht, aus klug gewordenem Schaden, den Fehler der Verstädterung der Gegend ein: »Wir waren gierig.« Das lange nur eingebläute, nun aber überzeugungssatt gewordene ökologische Bewusstsein ist nun da, und es ist auch höchste Zeit.

Die Gewissen der Bauern lassen sich von der Politik nicht wie mit Versicherungsprämien erkaufen. Es geht darum, Fundamentalinteressen ernstzunehmen, denen manch zynische Statements gegenüberstehen, wie die von dem ehemaligen »Olympiapaten« Willy Bogner: Es gehe ja nur um »ein paar Weiden und Felder am Ortsrand« der »paar Bauern mit ihren hochsubventionierten Wiesen«. Nach solch deftigen Worten nützen dann auch keine Beschwichtigungen von Heerscharen aller politischen Hierarchien, von der Staatskanzlei über den OB Ude bis zum MP Seehofer, denn das Eingemachte am bayerischen Stolz ist angerührt. Stadt und Staat als gebrüstete Alphatiere?

Wos hoaßt überhaupts Imitsch?, fragen die Bauern.

Gründeln wir an dieser Stelle ein wenig in den Tiefen der grünen Seele der Bauern, begreifen wir den Widerstand, denn bäurische Philosophie denkt fundamental. Es ist wie in Oskar Maria Grafs »Kalendergeschichten« (1929), die kontrastierend »Vom Land« und »Aus der Stadt« erzählen. Sind die Parallelwelten das Problem?

Vom Land zu kommen heißt: nachhaltiges Denken in die Wiege gelegt bekommen zu haben, begriffen als Werden und Schaffen. Kühe brauchen immer frisches Heu und Säue gute Kartoffeln. Zukunft bedeutet dann lediglich, dass das Vieh morgen eben satt ist. Allzu ferne Horizonte sind unerwünscht, denn sie hören am Ackerrain und an der Waldgrenze auf. Zukunft, in Tagen und Wochen berechnet, ist der goldgelbe Weizen für Tier und Bier, sind die glücklichen Hühner, sind die pausbäckigen Kinder. Nach Garmisch 1936 ist der aufgeklärte Bauer nicht mehr so leicht verführbar, denn allzu oft haben ein paar Versprechen genügt, um in ihrem Minikosmos Unfrieden zu stiften. Gerne hält sich der Bauer bei Olympia-Versprechen oder EU-Kriterien grundsätzlich für schwererziehbar.

Aus der Stadt zu kommen heißt: das Land als Kulisse zu sehen und als Gebrauchsgegenstand für Urlaub und andere Interessen. Der Kreislauf von der Wiese zum Cappuccino ist unterbrochen, die Milch kommt vom Discounter.

Ja mei …

In der Bayerischen Verfassung gibt es ein »Recht auf Naturgenuss« (Art. 141 Abs. 3), und darin heißt es:

»Der Genuss der Naturschönheiten und die Erholung in der freien Natur, insbesondere das Betreten von Wald und Bergweide, das Befahren der Gewässer und die Aneignung wildwachsender Waldfrüchte in ortsüblichem Umfange ist jedermann gestattet. Dabei ist jedermann verpflichtet, mit Natur und Landschaft pfleglich umzugehen.«

… pfleglich umzugehen! Wie wäre es damit, die Gnade des Rechts als Diktum der Pflicht zu begreifen? Das bayerische Gesetz, von der bayerischen Politik ja selbstauferlegt, ist mahnendes Gebot. Nun aber, wo in Garmisch aus der Mahnung die erwünschte Konsequenz kommt, war sogar von Überlegungen zur Zwangsenteignung der Landschaftspfleger zu lesen, schließlich war das Olympiapaket längst geschnürt. Dass der Konflikt um »die paar Weiden und Felder« nur die Spitze des Eisbergs ist, beweist auch der Konflikt zwischen Stadt und Land im sogenannten Zukunftsrat der Landesregierung. Kritiker wie Hans-Peter Friedrich (CSU) halten diesem Gremium vor: »Die Städte und Metropolen auch in Bayern können ihre Kraft nur im Zusammenspiel mit den ländlichen Räumen entfalten.«

Ähnliche Töne gibt es auch aus der BR-Studie zum Selbstbild Bayerns. Georg Impler beschwert sich, dass Oberbayern, »die schönste Region Bayerns«, als »Umland einer Stadt« – gemeint ist München – bezeichnet wird, »in der noch kein Kamin rauchte, als Freising seine Mission bis ins Savetal ausdehnte oder Tegernsee schon als Hort der Literatur, Buchkunst und Gelehrsamkeit galt.«

Eine *Mir san mir*-Politik, die sich allein wirtschaftlichen und kulturellen Spitzenleistungen verschreibt, gebärdet sich vielleicht allzu sportlich. Wollen München und »der Rest der bayerischen Welt« die Einheit bleiben, die sie sind, passt ein Denken »Großer Bruder – Kleiner Bruder« nicht so gut ins Bild. Wie der Starnberger See auch sind Garmisch und das »tiefste Niederbayern« keine Marginalien, sondern der Senf bei der Weißwurst.

DAS TIEFE AM LAND

Gehen wir noch ein Stück tiefer ins Land: Niederbayern. Es liegt der Segen der Nichtbeachtung auf ihm. Da ist Archetypik, hardcore: »stockschwarz«, »schwerstkatholisch«, »strenges, karges Bauernland«, »klerikalkonservative Exotik«, warnt Renate Just auf ihrer »krummen Tour« (Verlag Antje Kunstmann) durch Niederbayern ihre Leser vor. Um ihm doch ihre Zuneigung zu gestehen, »dem ganzen Nicht-viel-Hermachen, der werktagsmäßig-unpolierten Unaufdringlichkeit niederbayerischer Landschaftstableaus und Stadtbilder.« Das Land ist ein Lehrstück, wie man in aller Ruhe den »rasenden Stillstand« der globalen Welt überlebt, um schließlich das Eigene, das wirklich gut Eingemachte hervorzubringen.

Wer hier glaubt, einsame Landschaften bringen einsame Menschen hervor, der irrt. Einsam machen nur die Städte.

Regensburg, auf Tuchfühlung mit Niederbayern, ist im östlichen Bayern noch die einzige perfekte Fusion aus Stadt und Provinz. »Von Regensburg erzählen zu wollen«, schreibt Bergengruen, »das dünkt mich ein Unterfangen, als wollte man versuchen, einen tausendjährigen Wald zu schildern.« Es ist auch ein Wald der Geschichte, ein Kreuz des Handels und des Denkens: Marc Aurel, Kepler, Thurn und Taxis, Sankt Emmeram, Kardinal Ratzinger. Die *Rengschburger* fühlen sich als UNESCO-Weltkulturerbe, das sie sind, und wissen sich neben München immer zu behaupten. Doch gleich nebenan, weiter ostwärts und südlich der Donau, im Niederbayerischen, wird es bescheiden.

In dieser Gegend um die stolzgefällige Bezirkshauptstadt Landshut, von wo immerhin einmal die Universität nach München umgezogen ist, um die Dreiflüssestadt Passau, den lössigen Gäuboden um Straubing, das Hopfenland Holledau (oder Hallertau) und den Bayerischen und Oberpfälzer Wald hat sich das Rohe, das Bukolische in der Stammesseele am radikalsten erhalten. Lange Zeit Peripherie vor dem Eisernen Vorhang und von Verkehrswegen von und nach München nicht gerade gesegnet, findet sich in Niederbayern, auch noch mit der nördlichen und östlichen Oberpfalz (Steinpfalz), das Transsylvanien Bayerns. Es ist die Gegend, wohin es einen *Kini* nie verschlug, blinde Flecke sogar für die Dichter und Denker. Nur *FJS* suchte dort in den Masskrugsdelirien öffentlicher Meinungen seine demokratischen Mehrheiten. Wenn an Niederbayerns Existenz einmal im Jahr in der »Tagesschau« erinnert wird, dann sind es die schwarzen Aschermittwochkaskaden aus der Nibelungenhalle in Passau (früher in der Vilshofener Wolferstetter Bräu). Immerhin trauen sich mittlerweile sogar Rot und Grün in das Hinterland der ungenutzten Ansichten hinein. Die wenigen Großen hat es alle nach Anderswo und München verschlagen, Franz von Stuck aus dem Kleinstdorf Tettenweis genauso wie die Landshuter Max Slevogt und Roman Herzog.

So wie das unversehrte Italien nicht in der Toskana zu finden ist, sondern in der Campagna in Apulien, so findet sich das wahre Altbayern nicht im Voralpendisney, sondern in den Wiesen, den Äckern und den Wäldern von Niederbayern. Übermütiges Schuhplatteln und Jodeln sind hier nicht zuhaus, so Heidi Wolf:

»Der Jodler der *Waldler** ist die Arie – ein vielstimmiger wehmütiger Gesang.«

Dort gibt es nur ein Innen. Das Draußen dient nur als willkommener Grund für die eigenen Argumente. Orte heißen dort Öd, Haböd oder Edt, das Abseitige lebt im Segen der bescheidenen Existenzen, dem *Häuserl*, dem kleinen Hof, dem *Sacherl**. Es weiß nicht viel um sich, und dieses Wenige ist ein Alles. Hier ist Bayern wirklich noch pastoral. Ruhe, nichts als Ruhe; aber eine, die nicht *herrscht*, weil sie das Land überzieht wie mit einer Patina. Und was heißt hier karg! Es hat nur die Tarnkappe auf. Nur Dichter, scheint's, können die Poesie der Landschaft entschlüsseln, wie der Wahl-Dörfler Günter Eich in »Ein Windstoß«:

»Starrer stehn die Weizenhalme,
wenn der Wind den Roggen wellt.
Staub hängt in zerrissnen Fahnen
länger als der Wind sie hält.
Nicht sein Wehen, sein Gedächtnis
regt sich im bewegten Feld,
bis der Staub, der ihn vergessen,
ockerrot und lautlos fällt.«

Aber doch: Natürlich ist diese schlichte Gegend gesprenkelt mit den verschämten Farbklecksen ihrer *Stadterln*, die so gar nichts von München oder Oberammergau haben mögen, noch unentdeckt von Preisrichtern. Der pittoreske Innstadt-Stil, der sich von Rosenheim und Wasserburg, Burghausen, Schärding im Innviertel und Passau bis Straubing erstreckt (man träumt von der Anerkennung als UNESCO-Weltkulturerbe), prägt die ganz eigen gebliebene Kultur der Städte, Burgen und Klöster.

Gibt es das: stolze Bescheidenheit?

Jedenfalls verblieb die hohe Kultur der Provinzstädte im Schutzraum des Geborgenen: der höchste Backsteinturm der Welt in der Martinskirche in Landshut, die größte Kirchenorgel der Welt im Dom zu Passau oder der Römerschatz in Straubing stehen für die vielen Mysterien diskreter Unscheinbarkeit des tiefen Lands.

Nein, die Niederbayern sagen gerne *Mir san wia mir san* und *'s lebt sich halt*, aber das *Mir san mir* ist da nicht erfunden worden. Auch weil man hier ungern jammert.

Wer dort hinten still sein Land bewirtschaftet, schaut nicht so sehr auf sich und von sich aus, er fühlt sich als Landwirt, und die Feld- und Baumfrüchte und die Säfte, die sein Land hergeben, sind der gelebten Natur Wert. Das Getreide, *'s Droad*, steht für die Grundversorgung mit Brot und Bier, und sein Stroh ist das Bett der Rindviecher. Natur wird noch rund gedacht, nicht als Produkt, sondern als Kreislauf. Alles ist Teil einer Schöpfung. Wirtschaften kommt von Wertschöpfen. Schon deshalb gibt es kaum einen Bauern, der nicht an den Schöpfer glaubt,

die höhere Instanz, im Schicksalssinn bei Kirchgang und Hagelschlag, im Realsinn, weil er selbst ein Schöpfer ist. Aber was nach Idylle nur klingt, kann politisch noch werden: siehe Erding und Dingolfing, wo der Flughafen und BMW in das Land eindringen, so wie Olympia den Garmischer Wiesenbesitzern zusetzte. Die Heiligkeit des Bodens wird niemals überlistet, was zählt, ist lokal, und Verordnungen aus Brüssel sind schnell der Blasphemie verdächtig.

Weil das Land der Niederbayern nicht einer himmelblaupausenschönen Ästhetik folgt und seine Landschaft sich mit dem einfachen Farbenwandel zwischen rapsgelb, kleegrün und feldocker begnügt, können seine Bewohner es hüten wie ihr Geheimnis. Das Geheimnis nämlich, dass der Fortschritt aus der Kultur der Langsamkeit kommt. Die Menschen kommen auch nur mit, wenn sie dabei bleiben können. Zwischen Marktl und Freyung stört kein Flughafen und kein Olympia. Stolz? Den Stolz überlassen sie den Gockeln, die von den Thronen der dampfenden Misthaufen ihre Hennen dirigieren.

's Land, das ist die Rohkultur der Mischwiesen und die Ernährungskultur der Felder, Gegenden, »wo jeder Weg, jeder Busch, jeder Wald, jedes Feld einen Namen trug und tausend Märchen erzählte«, wie Mechtilde Lichnowsky aus Schloss Schönburg bei Pocking in »Kindheit« insinuiert. *'s Land*, das ist auch der Wald. So wie den Hightech-Japanern im Shintoismus die Bäume noch heilig geblieben sind, verehren die Niederbayern ihren Wald, sie nennen ihn *'s Hoiz*. Auch bei ihnen ist der Baum diesseitig heilig, nicht als Sitz der Götter, aber der eigenen Seele. Es gibt Bäume, wie den Holunder (oder Holler), vor denen die Leute sogar den Hut ziehen, erzählt meine Mutter. Und ein Förster, Herr der Bäume, ist wie ein Waldgraf. Der Bayerische Wald rund um die Saldenburg oder den Dreisessel, oder oben um Bayerisch Eisenstein, ist immer gut zum fröhlichen Verirren, im Labyrinth der süßen Naturgefühle, auf salamanderbetupften Wegen, Heimat der Luchse vor gar nicht langer Zeit. Der Menschen Wald trägt das schlichte Weltgeheimnis, das keine Ferne sonst bringt.

So ein *Bulldog* mit mannshohen Rädern, der an den schwindlig windschiefen Waldrändern eggt, scheint die Schwerkraftgesetze allein für sich zu beanspruchen, wenn er nicht kippen muss, konzentriert auf den Rain, die selbstausgemessene Architektur seines Grunds. Wer solch einem Bauer begegnet, solch einem Gesicht mit Falten wie Ackerfurchen und mit einer Farbe wie gewichstes Braunleder, erntet vielleicht einen kurzen Gruß, aber bestimmt keine Nachfrage. Exterrestrische, aus beider Perspektive.

Irgendwo in irgendeinem Dorf in der Nähe irgendeines Waldes gibt es immer irgendeine kleine Kirche, wo sich das weltliche Tao Tag für Tag den Heiligenschein verpasst. Die Übergänge zwischen Erde und Himmel sind fließend. Im Unterschied zu den großen Domen sind sie, wie die *Marterln** auch, weniger Mahn- als Verehrungskultur. Gott ist dort nicht über Beichtstühle fehlbesetzt, sondern für die Softcore-Religion zuständig, vertreten durch Menschen gebliebene Heilige. Willkommene Patrone wie Hans Birndorfer, der Sohn des sogenannten Venusbauern in Parzham, der Kapuzinerbruder in Altötting wurde und als seliggesprochener Bruder Konrad ein Vertrauter der Kinder und der Armen. Religion konkret. Über sie kommt wenigstens kein unnötiger Zungenschlag in den gutmütigen Glauben. Die Bauern brauchen Gott hier nur als Beschützer, als »Ort« für die gute Fürsprache, dass die Ernte gelingen möge. Sie beten zu ihm wie zum Wettergott, aber fürchten tun sie ihn nicht.

Alles Kreatürliche bleibt nicht auf den Menschen zugeschnitten: Auf einem richtigen Bauernhof – früher – lebte das Vieh Tür an Tür mit der Bauernfamilie, eine Art Biokommune. Der Kuhstall eigentlich als Wohnraum. Nur die Säue wohnten in Nebentrakten, aber auch nur, weil ihr Grunzen nachts störte wie das Schnarchen. Nutztiere heißen sie alle, denn zum Nutzen sind die Kinder, Onkel und Tanten alle auch, die in die Arbeit hinein geboren wurden. So erlebt es Oskar Maria Graf in seiner Kindheit vor hundert Jahren:

»Der Mensch war nichts anderes als das Tier. Die Pflanzen des Gemüse- und die Bäume des Obstgartens, der Wald, die Äcker und Felder unterlagen denselben Wandlungen.«

Und so ist die Vergangenheit heute im Hinterland ostwärts von München noch zu erleben.

DAS WEISE AM LAND

München hat die klugen Köpfe, aber sind sie auch weise? Weisheit, die vom Erfolg nicht geblendet ist und keinen Zeitdruck kennt. Fortschrittsklug und bauernweise zu sein, schließt sich das aus, oder sind sich da München und Bayern sogar noch blutsverwandt? Es gibt noch ein paar *Old Schwabinger*, Alexander Kluge, Stefan Moses, Hans Magnus Enzensberger, Fossile des Geists der Bohèmiens, die schon das ehrliche Vermissen derselben zu Weisen macht. Sie sind scheu, aber ausgerechnet München mit seinem Fortschrittseffet bietet ihnen die Ruhe, die sonst nur Dörfer kennen. Und der Englische Garten ist nur ein Sprung. Sie vergraben sich im Atelier und in der Schreibstube und brüten ihrer Weisheiten letzte Schlüsse aus. Aber Memoiren? Interviews mit neugierigen Journalisten? Mit Musil sagt HME: »Was habe ich davon?« Es gibt noch zu tun, außer dem vielen Geschwätz.

Sich nicht so wichtig zu nehmen, ist das Credo auf dem Land. Die Memoiren der klugen Köpfe dort werden selten aufgeschrieben. Vielleicht ist es ja so, dass die Parallelen des städtischen München und des ländlichen Bayern sich im Unendlichen noch treffen.

Am besten ist in Niederbayern noch zu studieren, was bayerische Lebenskunst ist. Keine verkopften, dafür frohe Sinne. Keiner wie die Bäuerin oder der Bauer steht für das Konkrete, jene für den Zusammenhalt, dieser für das Revier. Literatur und Film wenden sich dem existentiellen Leben der *einfach'n Leit* wieder zu: »Die Rumplhanni« (1916) der unvergessenen Lena Christ, August Kühns »Zeit zum Aufstehn« (1975), Ludwig Anzengrubers »Sternsteinhof« (1985) oder Joseph Vilsmaiers »Herbstmilch« (1988); auch die Ingolstädterin Marieluise Fleißer holt sich ihren Stoff vom Land. Neuerdings sorgen sogar Niederbayern-Krimis wie »Sau Nummer vier« (Max Färberböck,

2010) mit Sigi Zimmerschied für den Kick am rohen Leben. Niederbayern ist hier ein archaischer Grund.

Die weisen Großmütter und Großväter, von denen die Lebensverse wie sonst keine im Gedächtnis haften bleiben, haben oft nicht ein einziges Buch gelesen und ihr Reisehorizont hat nicht selten einen Radius von vielleicht dreißig Kilometern. Der Einzugsbereich für das konkrete Leben bemisst sich von Hof zu Hof. Außer Lokales und Todesanzeigen in der »Passauer Neue Presse« haben diese Menschen nichts gelesen, aber sie sind klug. Weisheit verhält sich zu Lesen wie Bauernweisheit zu Wissen.

Was schriftlose Lebenskunst sei, hat uns einstmalig der Münchner Karl Valentin angetragen. Er hat das mit dem Nichtlesen einmal Thomas Mann gegenüber so aufgemischt:

»Da hat ma letzte Woch'n der Thomas Mann sein' neiesten Roman g'schickt – so a Trumm von am Buch! I' hab mi' a schön bedankt und hab eahm g'schrieb'n: ›Sehr geehrter Herr Dichter, es war mir eine besondere Ehre, daß Sie mir ihr schönes Buch geschickt haben. Leider habe ich jetzt wenig Zeit zum Lesen … ich wäre Ihnen daher sehr verbunden, wenn Sie mir das neue Buch gegen ein *gelesenes* austauschen könnten.‹«

Die Werte auf einem Dorf sind wie von einer Parallelwelt. Zu Recht beobachtet Konstantin Wecker, dass »so mancher vermeintliche Dorftrottel mit einer Würde durchs Leben (…) geht, die heute selbst den größten Weisen kaum gelingt.« Da kann der Bewegungshorizont noch so klein sein, das Prinzip bleibt zwischen Pocking und Tettenweis das gleiche wie zwischen München und Hamburg, nämlich eines der guten Balance zwischen der Bewahrung dessen, was man hat, und dem, was man Lebensentwurf heißt. Im bäurischen Tao *lebt* Philosophie. Ernst Bloch nimmt hier Anleihen bei Gotthelf und Hebel. Tao sei »ein Wort ganz aus diesem bäurischen, familiären Volk heraus, das Haus gut im Gang, das Leben und sein Streben gut im Lauf, woran Segen ist, ein verborgener und doch öffentlicher Zustand«.

Das Drinnen und Draußen stehen im Einklang miteinander, das »Fraulich-Waltende« und die »demeterhafte Fürsorge« geben dem Leben das »Gedeihlich-Gelingende«. Diese leise, geerdete Logik erinnert an die Pfarrkirchener Bäuerin Anna Wimschneider, die Autorin von »Herbstmilch«, die so eine weise, grundlogische Frau war, wie meine bäurische Großmutter auch.

»Basst's auf, ihr Fratz'n, dass' alle z'samm'bleibts!«*, hat sie immer gesagt, nur dass wir als Heranwachsende den Sinn des Traditionellen, für den Familie steht, nicht wahrhaben wollten. Erst nach manch scheiterungssatten Lebensabschnitten stülpen sich diese feinen Worte wieder aus dem Unterbewusstsein hoch. Die Wortkargheit dieser Leute *(Die sag'n in der Woch' höchstens zwoa ganze Sätz'.)* ist nicht der Mangel an Worten, sondern der kategorische Imperativ des Niederbayern: *Schmatz* net, moch ei'fach!* Sinn wird nicht gesucht.

Ein bäurisches Tao der Kindheit bleibt einen Tick länger haften als das im schnelllebigeren Landshut, gar München der Fall ist, wo der Fortschritt die Seelen der Menschen überrollt und nicht mitnimmt. Das *Mir san mir* bleibt, weil es *nicht* in Niederbayern erfunden sein kann, Defensivkunst am Leben.

Auf'm Land schmunzelt man heute wissend, wenn neuerdings aus München Beckenbauer, Olli Kahn & Co. daherflüchten, zum Beispiel zum größten Golfplatz Europas bei Bad Griesbach. Hat man erkannt, dass Simmels »Freiheit der Stadtluft« einem die Luft raubt, um im Rottaler Bäderdreieck nicht nur den wirklich, sondern auch den vor Ehrgeiz Kranken eine Zuflucht aus dem Bauchladen der globalen Verwöhnungen zu verschaffen? Und man nistet sich sogar auch wieder ein. Den aus Baden bei Wien stammenden Übermaler Arnulf Rainer hätte man im Schloss Vornbach genauso wenig vermutet wie einst die Schriftsteller Günter Eich in Geisenhausen und Alfred Kubin in Zwickledt, gleich *drent'n** im benachbarten Innviertel.

In den 1960ern gehörten für den niederbayerischen Gymnasiasten immerhin schon Studienfahrten nach Würzburg, Berlin und Wien (nicht nach München) zum Schulstoff. Heute studieren immer mehr Bauernsöhne und -töchter an der Hochschule, die ja auch in die Provinz hinaus gebaut wurde, wie nach Regensburg oder Passau oder Deggendorf. Diese Jungen lassen sich bisweilen von Trends verführen, aber nicht zähmen. Sie zeigen, schon mal auch in *Dirnd'l* und

Lederhos'n, wo sie herkommen und – Vorurteile hin, *Derblecktwerden* her – wie man mit der Tradition dem Globalen trotzen kann. Man traut seinen Augen kaum, dass dies heute nicht nur auf jeder *Dult* vor den Augen aller Welt geschieht. Ein Stolz, der nämlich keiner sein will, weil er dem Glauben widerspräche; nein, ein Stolz höchstens auf das eigene Lächeln vor dem Spiegel.

Immerhin sitzen heute kluge Bauerntöchter und Bauernsöhne am Bauerntisch und hören bei den weisen Erzählungen ihrer Eltern nicht mehr weg. Jetzt zahlt sich aus, was die Oma *g'moant* hat mit dem *Z'samm'bleib'n*. Eng *beianand'* bleiben auch Tradition und Zukunft, gerade so, wie die weise Oma ihren Enkel streichelt und dieser bewundernd zu ihr hoch schaut.

WIR SIND ECHTZEIT

Die Zukunft ist auch nicht mehr das,
was sie einmal war.
KARL VALENTIN, UNDATIERT

Der Bayer ist nur insofern tolerant,
dass er den gelten lässt,
der es akzeptiert, wenn der Bayer sagt
»Mir san mir«.
OTTFRIED FISCHER, 2010

DER BAYERISCHE LIMES

Fernab von der Heimat kommen zwei Touristen ins Gespräch:

»Where you come from?«
»From Germany.«
»Ja, dann können wir ja deutsch sprechen.«
»Und woher kommen Sie da?«
»Aus Bayern.«
»Ja, dann könn'mer ja bairisch schmatz'n.«
»Woher bist'n genau?«
»Aus der Nähe von Passau.«
»Ah Niederbayern! Ja woher denn dannert?«
»Aus'm Rottal.«
»Geh weida. Und woher do genau?«
»Aus den Nähe von Fürstenzeï.«
»Dös gibt's doch gar net. Und i direkt aus Fürscht'nzeï. Bist eiso aa a so a Rottaler Büffe. I bin sogaa mit'm Augenthaler in d' Schui ganga.«
»Ja, dös is ja pfundig. Da müss' mer uns glei z'sammdringa.«

Wenn zwei Bayern sich mitten in der *Weïtg'schicht'* zufällig treffen, switchen sie sofort in den Dialekt, vom »Sie« zum »du«, und man trinkt auf der Stelle einen zusammen und sie bestätigen sich: *Die Weït is kloa.* Erst weit entfernt von Heimat wird diese körperlich: *Ma g'hört z'samm.*

Vor allem Urbayern fliegen aufeinander. Während ein Ansbacher und ein Reichenhaller schon Wert darauf legen, sich *g'spaßig** voneinander abzugrenzen, weil Franken *gar koane richtig'n Bayern san* bzw. Urbayern arrogant, fühlen sich Kelheimer und Tölzer dem gleichen Stamm zugehörig. Einen Rest von »Reinrasse« lässt man gerne spüren, denn immerhin hat man es geschafft, aus dem kollektiven Mischwesen

vorhergehende Seite:
Teile der Fröttmaninger Heilig-Kreuz-Kirche stammen aus dem Jahr 815; die Allianz-Arena wurde 2005 eröffnet.

von Römern, Kelten, Alamannen, Raetoromanen, Vandalen, Goten, Langobarden und vielen mehr über Jahrhunderte eine Monokultur hervorzubringen. Die Bayern sind ein Stamm *geworden*, ein bajuwarisches Artefakt aus Völkern; sie sind ein Stamm *geblieben*, weil sie zur Selbstverteidigung ihr Gebiet virtuell umzäunt und darin ihre Art eingefroren haben.

In diesem Sinne hat sich Bayern seine Heimat erst geschaffen und gibt sie nicht mehr her. Was Nichtbayern als Stillstand wahrnehmen, fühlen Bayern als Echtzeit. Ein Echtzeitmensch *weiß* intuitiv, wie er die Zeit festhalten kann (was die Gemütlichkeit erklärt), und *weiß*, was er ist und was er hat (was das *Mir san mir* als Verteidigung erklärt). Er wird immun gegenüber Häme und Verkennung. So sind die Bayern zwar nicht die einzige Volksgruppe, die ihre Folklore pflegt, aber gewiss die einzige in Mitteleuropa, die nicht aufhört, sie einigermaßen unverschämt sogar für Alltag auszugeben. Schwerathletisches Brauchtum, weil sie es wirklich brauchen.

Jetzt klingt das *Mir san mir* wie die kristallisierte Rechtfertigung gegenüber dem Rest der Welt.

Wenn bayerische Gefühle zu ewiger Gegenwart werden wollen, »stocken« sie wie Milch, die eine Zeitlang im Warmen steht. Diese *g'stöck'lt'n** Gefühle hören auf, sich zu bewegen, säuern etwas an, werden in den wohlig hergerichteten Tiefen der Befindlichkeit haltbar.

Wer, wie der Schreiber dieser Zeilen, schon viel in der Welt herumgekommen ist, ergänzt seine Binnensicht mit einer Draufsicht. Wie oft hat er Freunden pittoreske Bilder anderer Kulturen vorgeführt. Ob die Trachten der indianischen Bevölkerung in Peru, der Thais oder der Araber. Sie sind nicht nur die Hingucker, sie lassen auch das mentale Gerüst im Wesen der Menschen durchblicken. So wie sie aussehen, so wollen die Menschen wahrgenommen werden, und der Gast schließt schnell auf ihre Art.

Die Folklore im Zuhause sieht man notorisch anders. Es hängt mit dem Paradoxon beim Reisen zusammen, dass einem das Nahe erst in der Fremde seltsam vertraut wird. Das Heimische, das man nicht mehr hat, wird zur Nostalgie und – wie bei den Heimatvertriebenen – sogar überglorifiziert. Wer sich andererseits nicht bewegt, bleibt sozusagen einäugig, es fehlt ihm die plastische Perspektive auf seine Welt. Wie um sich zu entschuldigen, wird in Bayern das *Mir san mir* zum Argument für die Aufrechterhaltung der Klischees. Selbstredend kolportieren sich dann konservative Werte.

Die nachwachsenden Jungen spüren das Dilemma. Sie steigen über die Zäune der Tradition, kommen in der Welt herum, aber sie verlassen ihre Heimat selten ganz. Das Fremde erzeugt sogar noch einen Heimatschub. Um mit der Zeit zu gehen und zugleich das Gute an Traditionen zu bewahren, bauen sie bewegende Elemente ein, die selbst stabilen Verfassungen wie der *G'miatlichkeit* und der *Schau'n mer mal*-Mentalität eine besondere Dynamik verleihen. Auch hier, bei den Trachten und der Volksmusik, gilt das Prinzip der »kreativen Zweckentfremdung«. Gerhard Polt und die »Biermösl Blosn«, natürlich auch »Haindling«, haben vorgemacht, wie das geht, original zu bleiben und sich doch zu entwickeln, Tradition zum Fortschritt zu machen. Und diese Entwicklung geht weiter, denn das Urbayerische kann sich mit anderen Kulturelementen, auch von Migranten, mischen, ohne seine Herkunft zu verraten. Die Münchner Gruppe »Gauchos Monacos« experimentiert erfolgreich mit dem Mix aus *Zwiefachem** und Indie Folk. Dynamische Traditionskultur, die nicht fremdgeht, sondern voran.

Mit der Abgrenzung vom Fremden ist das in Bayern so eine Sache. Der Spruch von Karl Valentin, »nur der Fremde ist in der Fremde fremd« könnte dem *Zuag'roast'n**, sprich Fremden, ziemlich indiskret nahelegen, sich *bitt'schön* auch ausländisch bleibend zu fühlen. Immerhin sagt man dem Münchner nach, dass er sich diebisch freuen kann, wenn er einen Fremden, der nach dem Weg zum Hofbräuhaus fragt, in die verkehrte Richtung weist. Dahinter verbirgt sich eine Art englischer Humor, der bissig daherkommt, aber den Weg zur liebenswürdigen Art nicht verstellt. Der Bayer lässt nur gerne, sehr gerne, heraushängen, wer hier Herr im Land ist.

Die vielleicht berühmteste Karikatur der Ausbremsung »fremder Elemente« ist der *Weißwurstäquator*. Der radikal gefühlte Freistaat zieht die virtuelle Grenze, die man sich als bayerische Auslegung des Limes vorstellen kann, mal am Main (softcore), mal an der Donau (hardcore), mit den Alpen und dem Bayerischen Wald als Bollwerke. Der Bayer denkt nämlich territorial. Das *Mir san mir* ist kartographiert.

Innerhalb des bayerischen Limes wird *geschafkopft*, »*Griaß Gott*« und »*Habe die Ehre*« *g'sagt*, Weißbier gebraut, werden die besten *Brez'n* gebacken – und eben *Weißwürscht'* verfrühstückt. Alles virtuell eingegrenzt, um nach Bedarf auszugrenzen und zu verteidigen wie Asterix sein gallisches Dorf. Der berüchtigte bayerische *G'sturschäd'l** tobt seine Eigenart darin aus.

Der gedachte Limes zeugt vom verinnerlichten Stammesbewusstsein, das sich deshalb permanent stabilisieren kann, weil der Bayer allerfeinste Fähigkeiten erworben hat, sich selbst topographisch zu verorten. Nehmen wir das Beispiel eines Pockingers und staunen über seine innere Navigation:

Er fährt…

auf (nicht nach) Minga *auffi* (= hinauf, in die größere Stadt)
auf Passau *eini* (= hinein, in die Kreisstadt)
auf Griesbach *ummi* (= hinüber, über die Berge)
auf Ruhstorf *awe* (= hinab, in die kleinere Ortschaft)
auf Füssing *aussi* (= hinaus, Richtung Inn)

Diese Art Kompass schafft eherne Standpunkte, von denen aus auf das Draußen geschaut wird. Er macht die bayerischen Herzen stabil, fest und stark. Sichtbar ist das nicht bzw. auch wieder nur vom Ergebnis her. So haben sich die Bayern ihre dicke Haut zugelegt und sich scheinbar unnahbar gemacht; alles Fallen für Missverständnisse, bei deren Auflösung der Bayer Regie führt.

Religion, Brauch und Landschaft verstehen sich als Schwur, ein einander Versprochensein. Das geht bis in die Familienverbände hinein. Alles, was *oanz'ln* und *seïm'zog'n** daherkommt, bleibt suspekt, und nicht selten wird kräftig *g'eifert* und *g'neid'lt* – alles zur Aufrechterhaltung des Systems. *Der möcht' was Besser's sei'*, wird sich schnell über einen *derschmatzt**, dem man *die Extrawurscht* unterstellt und zugleich missgönnt. Denn das bayerische Glied hat seinen Sinn nur in der Kette. Es ist, als würden jedes einzelne Wort und jede einzelne Tat auf der Waagschale der bayerischen Werte gewichtet und erst im Ritual ihren Segen finden. Im Ritual, das ist der Kirchgang genauso wie der Schützenverein, der Leonhardiritt genauso wie der Fanclub, haben sich die Bayern die Einfassungen für ihre Gefühlsgewebe und Lebensmuster geschaffen. Bayerns Rituale lassen sich nicht in Schubladen stecken, sondern sind gelebte Alltagskultur, wie das Ottfried Fischer am Beispiel der katholischen Kirche erklärt:

»Für mich ist das ein weltanschaulicher Trachtenverein. Da ist man einfach dabei. – Wollte ich austreten ... ich müsste etwas mit Stumpf und Stiel bei mir ausrotten. Nicht wegen dem Glauben. Das ist einfach mein Verein.«

Die bayerische Kultur ist deshalb so streng und klar, weil vollkommen durchformatiert. Alles scheint in festen, geraden Bahnen und wie bei langsamer laufenden Uhren. Dafür, dass es für rückständig gehalten werden könnte, schämt man sich selbst in der modernen Hightech-Welt nicht, im Gegenteil. Denn spätestens seit dem Spruch des Landshuters Roman Herzog »Lederhose und Laptop« (den Edmund Stoiber erst später in den eingängigeren Sprachrhythmus »Laptop und Lederhose« gebracht hat) wird gerne mit dem Spagat kokettiert: Der Siemens-Manager ist genauso ein Biergarten-Schwärmer wie das flotte *Mad'l* die Kommunion einnimmt, der Dorfpfarrer lässt sich genauso gern zu ein oder zwei *Hoiben** Weißbier einladen wie der Handwerksmeister Mitglied bei der Caritas ist. Tradition verlobt sich mit Fortschritt. So bleibt die Spannung in den scheinbar starren Alltagsklischees aufrechterhalten. Mischkultur geht in der Einheitskultur auf wie bei einem veredelten Baum. Oktoberfest, Altötting, Regensburger Domspatzen, Jugendstil, FC Bayern, das bietet Platz für alle. Bayern ein Gesamtkunstwerk. Und wie um sich zu bestätigen, tönt bei jedem mit: *Ja mei, dös war scho allerwei so!*, es ist Elterndiktum und Katechismusphilosophie und nie wieder zu löschen von der Festplatte der ewigen Wiederkehr.

Das *Ja mei* wird zum widerlegungsresistenten Argument und das *Schau'n mer mal* zum Geduldsfaden schlechthin.

Das bayerische Eigenleben ist wie ein selbstgewebter Teppich, die Größe, die Farben, die Muster, alles ist selbstbestimmt. Dieser Teppich ist unverkäuflich und seine Weber unbestechlich.

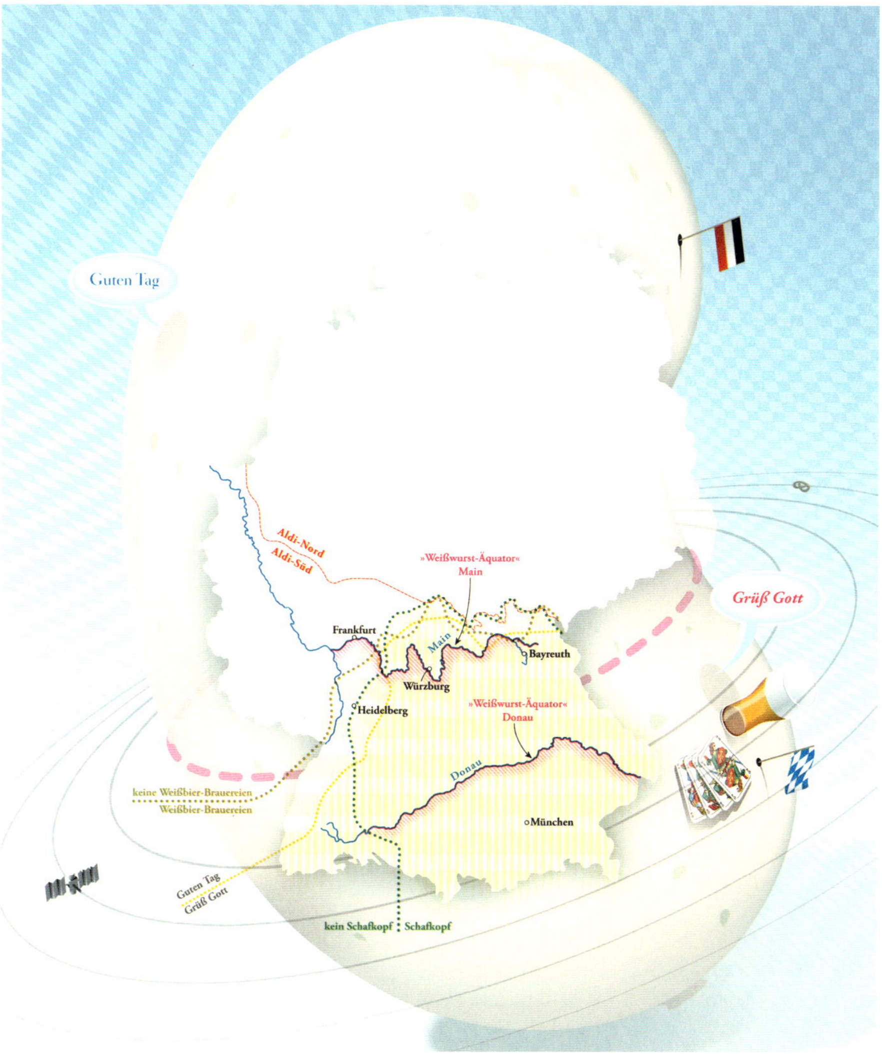

Der Weißwurstäquator

DER GRANT

Der Bayer übt sich gar nicht gerne in verschämter Zurückhaltung, die den feinherben Hanseaten auszeichnet, sondern er ist nonchalant direkt und ausgestattet mit geizigem, umso kratzbürstigerem Mundwerk. Sein Verhalten entspricht seinem bayerischen Denken, entspricht seiner Sprechökonomie: *»Da Preiß' spricht owei sein' ganz'n Denkvorgang mit, mir geb'n bloß 's Ergebnis bekannt«*, lässt Joseph Vilsmaier im »Brandner Kaspar« den Film-Erzengel Gabriel im Himmel schimpfen, der natürlich den Ober-Bayer markiert und seine Kommunion in Form einer Halben Weiße einnimmt. In Bayern *wird der Spur nach g'redt*, wird nicht viel erklärt, umso mehr erwartet.

Wohl dem, der sich mit dieser Einstellung beschäftigt hat. Leicht macht es einem der Bayer da nicht, dafür macht er es spannend.

Es stimmt: Der Bayer denkt vom Produkt her. Man weiß dann schnell, woran man eben ist. Tief ist hier der Riss zum *Preiß'n*, paradigmatisch zum Berliner, eine tragikomische, nie endende Geschichte, die mit der Demütigung der Wittelsbacher durch den Ober-*Preiß'n* Bismarck begann und heute nur noch im *g'schert'n* Preiß'n*-Witz abgearbeitet wird. Bayern und *Preiß'n*, das bleibt ein Hund-und-Katz-Spiel: Während der Berliner schwanzwedelnd schnattert und übertreibt, um Leutseligkeit zu signalisieren, meldet das bayerische Gehirn Bedrohung. *Wer bist 'n du überhaupts!*, heißt es dann, und man kann dem *Preiß'n* dann nur das dankbare Übungsfeld der Bedienungen und Taxifahrer empfehlen.

Die Bayern scheinen in ihrer Grundstimmung nichts mit den ihnen in vielem sehr ähnlichen Österreichern gemein zu haben: so charmant und beschwingt zu sein, Stimmen wie Musik und im Ton meist fragend und nicht ausschließend, der Sprechduktus nie behauptend, das

Lächeln fast allbereit. *Gnä' Herr* hin, *gnä' Frau* her…, süßlich wie der Wiener, aber konkret. Ganz anders nämlich die Bayern, die einem den Zugang nicht so leicht machen. Meine Friseurin Gerlinde aus Obernberg meint, dass die Österreicher einfach grundzufriedener sind, weil sie schätzen, was sie haben, und sich nicht überschätzen, was sie noch alles werden könnten. *Mir san mir? Is' uns unbekannt.*

Eine der vielen Erklärungen bietet eine besondere bayerische Grundstimmung: *der Grant.* Die Wortkargheit erzeugt natürlich Lücken in der äußeren Argumentation. Und in der inneren Argumentation wittert der Bayer den Neid und die unterschwellige Ablehnung des Rests der Welt. Offiziell lehnt er sich zwar zurück und denkt: *Schaug eam o!* und fühlt sich insgeheim sogar bewundert, aber ausgetragen ist die Geschichte dann noch lange nicht. *Der Grant*, das ist die Grundstimmung, von der nahezu jeder originale Bayer erfasst ist, sie ist einzigartig und tiefgründig, zerklüftet und weitläufig.

»Wie geht's dir denn heit?«
»Ja so halt.«
»Wia denn, ›ja so‹?«
»Ja mei, wia's halt so geht.«
»Geht's dir heit eiso net so guat?«
»Ja, warum fragst'n so bled?«
»Weil i mir Sorg'n moch, bei dem G'sicht wia a Z'widerwurz'n …«*
»Was soll i denn für a G'sicht ham, i schau doch wia immer!«
»Gestern warst jed'nfois besser beianand. Stinkt a da über wos?«
»Naa, dös täuscht.«
»I glaub', du mogst di heit selber net.«
»Ach, lass mir mei' Ruah!«
»…«

Das ist *Echtzeitlaune*, unverfälscht und ungezogen. Das bayerische Tao ist gestört worden. Man soll ihm *seine* Ruhe lassen, denn *seine* Ruhe gehört in diesen Augenblicken allein ihm und ist nicht teilbar – und nicht mitteilbar. Sobald ein Problem auftaucht, taucht der Akteur unter und in sich selbst. Er bockt. Der *Grant* gibt das Maß für den Wiedererkennungswert des Bayern, mit der Paradoxie einer offen zur Schau getragenen Verschlossenheit. Seine grummelige Derbheit ist zum Sicheinschließen gut, garniert mit offenem Hürdenaufbau: *G'lang' mi ja net o!*, um sich nach Belieben selbst wieder aus der Deckung herauszusteuern. So ist der *Grant* eine Art höheres Nachdenken, der echtbayerische Mensch dafür keine Mogelpackung. Gut aber zu wissen, dass der Bayer regelrecht ausflippen kann, wenn man ihn mit Gewalt aus der Ruhe bringt und aufs Blut reizt. Dann springt ihm das Herz vor Wut in die Kehle, dann platzt ihm der Kragen, und er wird sagen: *Jetzat gemma auf d'Bluatwies'n**! »Alterieren« nannte man diese Explosion früher. *FJS* und Wehner waren vielleicht die letzten Exemplare der Politik, die dies konnten – und zuließen.

Das scheint in erzkatholischen Gegenden (wie auch in Italien) normal: Nach außen herrscht Schweigen, nach innen rumort und gärt etwas, braut sich etwas zusammen. Da redet sich einer innerlich gerade in eine Lösung hinein, die ihm natürlich Recht gibt. Aber: Nur keine Schwäche zeigen! Gefühle gelten ohnehin als Schwäche. Doch die Wendung nach innen führt auch in die schwer zu knackende Selbstbestätigung. Jemand in diesem Zustand innerer Unzufriedenheit mit der Welt zu erwischen, im Zustand des *Grants*, wo er sich selbst nicht mag, ist nicht ungefährlich, denn das Unausgegorene ist tückisch. Im besten Fall, wie im Dialog oben, wird man mit Wortgeiz schroff abgewiesen; im schlimmsten Fall zeigt der Bayer, wie *g'schert* er sein kann, wie er zum *Wad'lbeißer** wird. Herbert Rosendorfer formuliert das zielsicher so:

»Der Grant ist ein ständiges Karate gegen die eigene Seele, die sich vor diesem selbstzerstörerischen Bombardement endlich in einen unangreifbaren Felsen von Innenbrutalität zurückzieht und dann als Verkörperung des bayerischen Wesens dasteht: die schlackenlos durchglühte kgl. bayerische Ruhe.«

An diese Felsenburg kommt niemand ran; der bayerische Kontrahent weiß das, der Fremdling aber steht wie der *Ochs' vor'm Berg*, denn er weiß nicht, dass der innere *Seelengrant* seine Gärungszeit hat, wie das Bier ja auch, und dass die Uhren irgendwann auch wieder weiterlaufen.

Übrigens: Als Rückblick auf den Fasching 2011 gab es im Bayerischen Rundfunk eine Sendung mit dem Titel »Ob Fasching, Fastnacht, Karneval, Bayern lachen überall«. Das ist natürlich leicht übertrieben. Richtiger ist, dass die Bayern sich überall ihre Formate schaffen, wo es etwas zu lachen gibt, vorbeugend, um dem *Grant* die schlummernde Energie des Explosiven zu nehmen.

Franz Josef Strauß in Aktion

J. W.
Augustiner-
Bräu München
gegründet 1328
Augustiner
Oktoberfestbier

HOPFENPHILOSOPHIE

Den Wein für das geistige Getränk schlechthin zu halten, werten Münchner und Ur-Bayern als subtile Arroganz. Denn wer so denkt, fühlt in Klassenkategorien: Bier, das Getränk des bayerischen Plebejers. Da hilft es auch nichts, dass Bayern ursprünglich ein Weinland war – die ehemals bayerische Wein-Pfalz hier noch nicht mal mitgezählt – und dass es gute Gründe gab, weitgehend zum Bierland zu konvertieren. Noch im Mittelalter tranken die höheren Herrschaften, Kirchenmänner und Gutsherrn in altrömischer Tradition Wein. Bier gab's da schon, allerdings besteuert (die »Biergelte«), und damit war es elitär. Erst als im Dreißigjährigen Krieg die Weinberge zerstört wurden, kam die Wende, das Volk bekam »sein« Bier, das als bekömmlich, nahrhaft und süffig galt. Im erzkatholischen Land wurde es in der Fastenzeit zum Nahrungsmittel schlechthin. Die ersten Braulizenzen wurden Mönchen zugesprochen und so begann nicht nur die Vervolkstümlichung des Biers, sondern es wurde heiliggesprochen.

Ob sich aus dieser Geschichte ein Zusammenhang zwischen katholischem Glauben und Bierkonsum herleiten lässt, wäre doch mal ein gutes Thema für eine Doktorarbeit – in Theologie.

Münchens gelegentliches Bier-Mono-Image wird schon wegen seiner Kunst nicht Schaden nehmen. Aber auch aus eigener Kraft sorgt das Bier im Zweifelsfall für Augenhöhe. Der von Barock, Klassizismus und Jugendstil verwöhnte Bürger will es sich nämlich auch richtig gut gehen lassen. Das Bier ist der ganzjährige Egalisator. Wo der Wein, gar der Moderotwein subtil-arrogant Geistiges vortäuschen mag, macht das Bier die Seele uneitel, lässt einen Worte finden, die einem nicht zu Kopfe steigen, aber plötzlich zu fließen beginnen, und die vor allem nicht den eigenen über den sozialen Wert stellen. Wie man so schön

Oktoberfestplakat der Augustiner-Bräu

sagt: *Mit jed'm Depp'n kannst dich plötzlich unterhalt'n.* Von den Räuschen dabei, die da bisweilen folgen, reden wir hier lieber nicht.

Das Bier, das in vielen Klöstern buchstäblich zuhause ist, scheint zu den Geschenken des Himmels zu zählen. In Klosterbiergärten wie Benediktbeuren oder Andechs kommt der Himmel auf Erden. Wir treffen mit dem Klosterbier auf einen Mythos. Es ist wie beim gereiften Rotwein, man trinkt sein Alter mit. Nur dass es beim Bier um das Alter der Rezeptur geht, in Weihenstephan seit 1040, in Weltenburg seit 1050, in Andechs seit 1455 usw. Es ist die Tradition, die da mitschmeckt, beim einen einen Tick hopfiger, beim anderen einen Tick malziger, obergärig, untergärig, aber immer auf einer Basis, die einfacher gar nicht sein kann: Wasser, Hopfen, Gersten- oder Weizenmalz, Hefe. Qualität als selbstverordnete Grundwerte und im besten Sinne konservativ. Das Bayerische Reinheitsgebot von 1516: ein halbes Jahrtausend Verlass auf schlichte Naturstoffe. Die Sprache des Biers tönt über Jahrhunderte gleich.

Es ist ein Irrtum zu glauben, Tradition bedeute Stillstand. Wie bei den menschlichen Grundwerten der Kultur auch, werden einmal herausgefundene Rezepturen zur *bleibenden* Qualität. Es gibt genügend Brauereien, die sich immer wieder auf die Sogwirkungen der Modetrends einlassen und ihr Bier über das Image aufpolieren – sei es mit der verschlankten Flasche, dem griffigen Seidl, den abgezählten Flaschen (»Krombacher Elf« steht für Fußball-Bier) oder mit dem gewundenen Glas – und nicht den Bierstoff selbst »sprechen« lassen. Was, *zum Deifi**, gibt es am Bier auch zu polieren, um im Bild zu bleiben? Ja sicher, das Problem ist der Markt. Schließlich wirbt jeder, so gut er kann, der eine mit seinem hohen Alter, der nächste mit seiner klösterlichen oder gar *kgl. bayer. Tradition*. Hoflieferant gewesen zu sein, war der »Bier-Nobelpreis«. Es war eine königliche Veredelung der Firmenmarke und hieß nicht, den Hof tatsächlich beliefert zu haben. Viele aber labeln nur mit dem Wirkungsradius: Die Wolferstetter Bräu in Vilshofen wirbt auf ihrem Weißbierglas mit dem Spruch: »Wurde schon 1589 bis nach Serbien, ja sogar nach Rom verschickt.« Und das Erdinger gibt's mittlerweile in der Pekinger Shoppingmeile Xidan Beijie, junge Chinesinnen trinken es schon auch mal mit Strohhalm.

Es gibt aber das Prinzip der kreativen Selbstbeschränkung, und hier wird das Bier praktisch zur Philosophie. Dass Weniger Mehr sein kann, dass – nach Goethe – Freiheit die Kunst ist, sich selbst zu beschränken, ist sogar marktkompatibel. Der Trick: Man expandiert nicht mit dem Stoff, sondern man macht ihn rar. Viele Kleinstbrauereien, vor allem im östlichen Bayern und in Franken, versorgen nur ihre Region. Die Kößlarner Schödermeier-Weiße gab es zum Beispiel nur in deren Stamm-Wirtshaus, und die Münchner Kleinstbrauerei »Untergiesinger Erhellung« macht ihrem Namen alle Ehre.

Doch der Trend ist ein anderer: Nehmen wir einmal nur München, dann sind von den ehrwürdigen zweiundzwanzig Münchner Altbrauereien im Jahr 1900 heute nur noch zwei übrig geblieben, die nicht global geschluckt worden sind. Paulaner ist nicht mehr Paulaner und Löwenbräu ist nicht mehr Löwenbräu, sondern gehören der namenlosen Globalwirtschaft. Nur die staatliche Hofbräu und die private Augustiner-Wagner-Bräu halten dem Sog stand. Der Alptraum wäre, dass eines Tages per EU-Verordnung das Augustiner mit dem Tuborg vermanscht würde. Der Verschnitt, das mag beim Wein und Tabak ja noch gut gehen, beim Bier wäre es der Tod seiner Philosophie.

Es muss einen Grund dafür geben, dass Augustiner-Bräu in München und Mayer-Bräu in Ludwigshafen-Oggersheim die einzigen in ihrer Gegend sind, die nicht im globalen Bierstrom mitschwimmen, wie das bei Erdinger, Paulaner, Schneider, Krombacher, Warsteiner usw. usf. der Fall ist, und trotzdem herausragen in Ansehen und Qualität. Liegt das daran, dass man mit *seiner* Rezeptur dem Sog der Wachstumsdynamik erfolgreich trotzt – und zwar mit unbestechlicher Treue zum Produkt? Oder darin, dass nicht Umfragestatistiken und kultige Kurzzeittrends den Geschmack deichseln, sondern ein gewachsenes Vertrauen in die Brau*kunst* von Augustiner und Mayer? Zeigt sich nicht gerade hier das *Mir san mir* von seiner allerbesten Seite?

In München kommt man an Augustiner nicht vorbei. Ich persönlich liebe den »Augustiner Keller« beim Hauptbahnhof sehr, aber von den zehn Augustiner-Lokalitäten wären allein die »Augustiner Großgaststätten« in der Neuhauser Straße ein guter Grund, dem *Mir san mir* die ewige Absolution zu erteilen. Da ist Tradition pur – in Echtzeit: Muschelsaal, Grüner Saal, Weißer Saal, Arkadengarten, die Pracht der Münchner Gasthauskultur im Jugendstil lädt zum urigen *Schmankerl* bei der süffigen *Hoib'n*.

»*Einmalig, dieser Edelstoff…*«, spreche ich meinen Tischnachbarn an, der erst einmal zustimmend schweigt und wie zum Beweis mit einem tiefen Schluck sein Glas aussäuft.

»*Du, Marerl, bring ma no a Hoibe!*«, wendet er sich erst mal an die strenggesichtige Bedienung von beeindruckender Opulenz.

»*Dös Bier…*«, schaut er mich mit seinem Seitenblick an, um sich dann zu einer Stellungnahme zu erbarmen, »*… is' koa Kult net, dös is' a Mythosbier, wia da Kini aa a Mythos is', vastand'n?*«

»*Richtig, dieses Bier ist wirklich einmalig.*«

»*Dös deafst' aba scho aa wörtlich nehma, dös Bier gibt's bloß bei uns in Minga, strengg'nomma. Woaßt', die machan nämli no net amoi a Werbung. Und zwar überhaupst koane. Host' dös g'wusst, ha?*«

»*Überhaupt keine Werbung! Da müsste ja ›jeder‹ wissen, …*«

»*… wos hoaßt denn da a ›jeder‹! Dem wo's halt schmeckt, der woaß scho, wo er sei' Augustiner herkriagt. Aber wia g'sagt, bloß bei uns z'Minga …*«

»*Nun, dann muss ich Ihnen eine verrückte Geschichte erzählen. Pass'n S' amal auf: Kürzlich war ich im Heimatort meiner Frau, in Molfetta, das ist eine kleine, wunderschöne Stadt im tiefsten Apulien, völlig untouristisch. Wir gingen in der historischen Altstadt aus auf einen guten Wein und machten eine wirklich irreale Entdeckung in der Bar ›Isabella Gonzaga‹. Es gab da eine Karte mit ›Birre speciali‹, also b'sondere Biere. Da wurde – halten S' sich fest – Augustiner ausgeschenkt und das im originalen Weißbierglas, sogar mit Einschenkanleitung und bebildert. – Und! Was sag'n S' jetzat?*«

Anstatt nun aber verwundert zu sein, blickt mich der Münchner *Grantler* fast mitleidig an.

»*Ja, schaug eam o, a ganz a Sieb'ng'schei'ter, glaubt, dass der Italiener net aa wiss'n soi, wo er sei' Augustiner herkriagt! Der wird halt amoi im Augustinerzelt auf der Wies'n g'sess'n hab'n – und seither braucht er den Stoff. Er braucht's ja bloß b'stell'n, vo alloa hi'g'fahr'n wird's eam jed'nfois net.*«

»Ja, so wird's wohl g'wes'n sein.«
»Also dann Prost!«

Bier fließt in Bayern in Strömen, aus *Mass'n*, aber manchmal auch mit Maßen. Das richtige Maß heißt: je rarer, desto wertvoller. Mit dem richtig guten Bier sieht man vorgeführt, wie das geht, der Wachstumsparanoia unserer Zeit mit Klasse statt Masse zu kommen.

Jeder kann's ausprobieren: Bier schmeckt nur wirklich am richtigen Ort. Augustiner in den Großgaststätten, in den Bräustuben, im Augustiner Keller oder eben im Hirschgarten. Der Münchner weiß (wie das Stadtmarketing auch), warum es das *Wies'nbier* nur auf der *Wies'n* gibt – und in Molfetta oder sonst wo nicht.

Postkarte aus dem Hirschgarten, 1910

EROS DES DIALEKTS

Es gibt sie wirklich, die »Lingua bavariae«, in der Zunge, Sprache und Akzent den perfekten bayerischen Akkord abgeben. Im bayerischen Dialekt findet das *Mir san mir* seine Sprachschlucht, in der die Stimmen modulieren: je höher das Land, desto halliger die Juchzer, je flacher, desto wehmütiger die Melodie. Ich muss mich immer wieder wundern, dass dem Bairischen (in Oberbayern: boarisch) eine besondere Erotik zugesprochen wird. Wo es doch so derb ist. Aber es ist auch geschmeidig, klangschön, gaumig, sonor, ausdrucksvoll und treffsicher. Ganz anders jedenfalls als das »Gedäähnte« des Pfälzischen, das Kehlschluckige des Sächsischen, das Spitzzüngige des Ostfriesischen oder das Triefendnassforsche des Berlinerischen.

Ausgerechnet die Dialektantipoden Berlinerisch und Bairisch sind sich merkwürdig nah in ihrer schnoddrigen Pfefferwürze und unfreiwilligen Komik des Sprachklangs. Bayern und Berlinern hört man irgendwie gespannt zu, während man bei den anderen innerlich den Kopf schüttelt. Liegt das am Eros?

Kein Zweifel, Bayerns Mentalität bringt sich dialektalisch perfekt zum Ausdruck. *So wia ma schmatz'n, so samma*, kernig, rustikal, ja sogar *a bissel* animalisch. Für Ernst Bloch ist es »die Bauernblume und das Schwarzbrot der Sprache«, was da fasziniert. Wer im Ausland lebt, träumt bairisch und holt darin das Unaussprechliche nach. Daher die Gelassenheit der Exilbayern. Das Switchen zwischen dem Drinnen und Draußen ist des Bayern einziges wirkliches Problem. Im Außenkampf fühlt der Bayer sich lange nicht so sicher, er muss beim Sprechen übersetzen und vermisst seine Präzision. Deshalb das Fremdeln. Dafür ist der Binnenkampf gnadenlos knapp und verfehlt trotzdem an Deutlichkeit kein Ziel. Die noch harmlose Frage »*Host' mi verstand'n?*«

wird im verkürzten »*Host' mi!*« zur selbst gegebenen Antwort: Jetzt frag nicht noch mal nach; du siehst doch, dass ich Recht habe! Je knapper der Satz, desto triftiger die Botschaft.

So können ganze Stimmungen in perfekter Sprachökonomie zum Ausdruck gebracht werden. Ein Dialog aus Niederbayern, wo sich einer nach dem Wohlbefinden eines anderen erkundigt:

»*Und?*«

»*Scho.*«

»*Guat.*«

Übersetzt: »Und wie geht's?« – »Im Großen und Ganzen gut.« – »Schön zu hören.« Ein Nordlicht redet sich hier vergleichsweise die Schnauze fusselig. Allzu vieles Schnattern macht sich nur eines *G'schaft'lhubers** verdächtig.

Wie kein Dialekt ist das Bairische voll der Verniedlichungen und der Verkosungen. Es ist die Kunst des Bairischen, dem Verkleinerten dann einen wichtigeren Rang zu geben. Ein Huhn ist ein *Hend'l* (-lein wird zu »l« oder »erl«; -chen existiert nicht) und ein Fahrrad ist ein *Rad'l*, mal notorisch verniedlicht, mal putzig verkleinert. Das gibt der Sprache große Verbindlichkeit und suggeriert im Zweifelsfall Komplimente. Das *Mad'l* im *Dirnd'l* ist die Steigerung in der Kombination aus beiden, und entsprechend jung darf sich sogar die *g'stand'ne* Bäuerin im richtigen *Dirnd'lg'wand* noch fühlen.

Der Dialekt holt sich gerne Verstärkung, beim Übertreiben und *Bousern**, und bemüht häufig das Tierreich: *Hirsch, Rindviech, Pfundsau, Hornochs', Goaßbock*, Kreuzungen und Mutationen wie *Saubär* und *Schweinigel* (bis hin zum Fabelwesen des *Woiperdingers*). Nicht immer geht das negativ aus: Ein *Hirsch* zu sein, lässt einen gewissen Respekt nicht missen, einen *Hund* (oder gar *Hundling*) genannt zu werden, deutet auf besondere Fähigkeiten und bedeutet Höchstlob. Man kann sogar freundlich ein *Arschloch*, einen *Depp'n* oder *Kaschperl* genannt werden, in der Duz-Kultur fällt das nicht schwer. Was im Dialekt Ventile schafft, um den Überschuss an Emotionen abzulassen, würde im Hochdeutschen zum Drama führen.

Der bairische Dialekt zeigt gelegentlich sogar, wie man mit Integration umgeht. Lehnwörter etwa aus dem Französischen wie *lätschert* (schlaff, von *leger*: leicht), *Kanabee* (Sofa, von *canapé*) oder *Schäs'n* (altes Auto, von *chaise*: Stuhl) klingen am Ende nur noch bairisch. Ob wohl *Servus* (den Diener machen) gar noch aus der Römerzeit stammt?

Münchens Speerspitze dringt langsam auch in die letzten Dialektzonen und verdrängt den Urjargon ins Reservat. Dialektforscher wie Bernhard Stör wissen, dass der Einfluss Münchens nach Süden bzw. nach Osten unterschiedlich stark dominiert, entsprechend der Verkehrsnetze. Während Münchens durchmischte Sprache den Dialekt des (südlichen) Oberbayern mitglättet, bleibt der Osten in Niederbayern und in der Oberpfalz vergleichsweise geschützt. Das Münchnerische ist kein Münchnerisch mehr, höchstens ein akzentbetontes, eingedeutschtes »Polt-Bairisch«, und die »Houhou«-Kadenz des Oberpfälzers (*Brouder* statt *Bruader*) und des Bayerischen *Woidlers*, gar das Nasale des Niederbayern sind ihm gänzlich fremd geworden. Während »Mann« in München *Mo* heißt, wird es in Passau *Mô* (wie französisch: Le Mans) gesprochen.

Wie alt muss man heute sogar als echter Bayer sein, um noch zu wissen, dass *Irdda* Dienstag heißt und *Pfinsta* Donnerstag. Doch wer hier denkt, das läge nur am Globalen, der irrt. Schon Ödön von Horváth beklagte im Jahr 1932, dass sich »durch das Kleinbürgertum eine Zersetzung der eigentlichen Dialekte gebildet hat, nämlich durch den Bildungsjargon.« Leider gilt auch heute in Familie und Schule der Dialekt als Bildungshindernis. Und das, obwohl erwiesen ist, dass Mehrsprachigkeit das Sprachgefühl sogar verstärkt. Die Münchner Bildungsbürger entfremden sich selbst und die Wahl-Münchner und zig-Tausenden von *zuag'roast'n* Studenten bringen weiterhin ihre Sprachen mit.

Apropos: Der bairische Dialekt ist seit 2009 im »Weltatlas der gefährdeten Sprachen« notiert. Andererseits schneidet das Bairische bei Umfragen zur Beliebtheit deutscher Dialekte immer am besten ab. Eigentlich ein Grund, sich als Bayer mehr aus der Deckung zu trauen, denn der Sympathiewert steht für seinen gewissen Eros.

In Wahrheit verteidigen die bayerischen Sprachritter, die Kabarettisten, das Original. Von der »Münchner Lach- und Schießgesellschaft«

bis »Ottis Schlachthof« sind sie es, die der Bayernmacht republikweit rhetorische Geltung sichern und im Übrigen für die besondere Würze im politischen Witz sorgen.

Für viele Nicht-Bayern hat der bairische Dialekt schon im Zungenschlag eine Komik, eine Komik ohne Absicht sozusagen. Die unwillkürliche Komik der authentischen Art bringt den bayerischen Kabarettisten den Vorschuss, schon witzig zu wirken, wenn sie nur sind, wie sie nun mal sind. Sie werden erst zum Schauspiel für den Fremden. Machen wir einmal die imaginäre Probe mit irgendeinem dahergelaufenen eloquenten, *krachert'n** Bayern: Wir stellen ihn auf eine Bühne, geben ihm ein Reizthema, über das er sich ärgern soll (und auch wird), und – die Zuschauer werden sein ganz *normal's G'schmatz* für Kabarett halten. Der *Preiß'* bezahlt für die »Vorstellung« ohne zu ahnen, dass *er* es ist, der ihn zum Kabarettisten macht, weil er schon den bloßen Dialekt für Theater und die *Hirschlederne** für die Maske hält.

Nicht selten haftet so auch an der Rhetorik eines bayerischen Politikers eine gewisse unfreiwillige Komik.

Kabarettisten wie Bruno Jonas und Siegfried Zimmerschied spielen bayerische Grundstimmung im Revoluzzergegrummel, Frank-Markus Barwasser (als *Erwin Pelzig*) spürt dem durchschnittlichen Menschenschlag nach, Lisa Fitz gibt die in Bayern nichts zu suchen habende Emanze; und Mittermeier spielt nur Mittermeier, der für Bayern oft überhaupt nicht lustig ist, weil einfach nur »normal«. Etwas Besonderes ist Gerhard Polt, der zwar auch »nur« Polt spielt, aber das komische Echtsein schauspielerisch ergänzt. Keiner wie er spielt den Bayern von und aus der Seele, bewegt mit so wenig Worten so vielvalentineske Wahrheit. Fast alle seine Dialoge (kongenial mit Gisela Schneeberger) sind absolute Echtzeitdialoge, seine Filme (»Fast wia im richtigen Leben«, »Man spricht deutsch«) Drehbücher des stinknormalen Alltags, die in keiner Weise durchdramaturgisiert sind. Kostprobe:

»Ich käme mir völlig desolat unter den Mongolen vor, wenn ich nicht fragen kann: ›Schmeckt's?‹ oder ihnen erklären könnte, was ein Apfelstrudel ist. Ich will doch wissen: ›Sie sind Mongole. Wie lange machen Sie das schon? Machen Sie das beruflich? Was gibt's zum Essen?‹«

Bayern kokettieren überhaupt gerne mit dem Fremden, um das Anderssein bzw. Eigensein zu betonen. In eben gerade diese Bayern schlüpft Polt in seinen Rollen, um das Mentalitätsgerüst aus den Angeln zu heben. Lange Zeit war die graue Strickjacke mit dem Zopfmuster Polts *Bühneng'wand*, aber diese Strickjacke *ist* Polts Strickjacke und kein Requisit. Man konnte sich davon in Polts früherem Stammwirtshaus, im »Gläsernen Eck«, jederzeit überzeugen, wo man ihn »in Zivil« antraf, eben mitsamt der Strickjacke und den Sprüchen, alles ohne Bühne.

Gerade dort, wo die Menschen kein Stühlerücken wünschen, entsteht Bewegung. So ist es kein Zufall, dass die beißendsten Satiriker aus den schwärzesten Teilen des Landes kommen: der Oberpfälzer Eckhard Henscheid (Amberg), der Oberbayer Georg Ringsgwandl (Bad Reichenhall) und die Niederbayern Ottfried Fischer (Ornatsöd), Django Asül (Deggendorf), Siegfried Zimmerschied (Passau). München kauft sich inzwischen seine Komik ein.

Bei Siegfried Zimmerschied wird der Dialekt fundamentalistisch. Er, im Passauer Heimspiel umjohlt, in Kaiserslautern gerade noch und in Berlin ganz und gar nicht mehr verstanden, setzt seinen heftigen niederbayerischen Dialekt wie eine Waffe ein. Mit dem Programm »Himmelskonferenz« in den 1970ern schreckt er die Eminenzen des Passauer Bistums aus dem mittelalterlichen Schlaf, mit »Ausschwitz'n« in den 1990ern *g'langt* er in braun vereiterte Wunden und mit »Lachdichter« heute *grant'lt* er verhöhnend mit ehedem abgelehnten unliebsamen Texten. Mit beißendem Sarkasmus traktiert er seine Hörer, die an vielen Stellen überhaupt nicht mehr wissen, ob seine Performance noch zum Lachen ist. Er spielt solo eine komplette *Stammtischg'seïschaft*, *lackelt** sich unter den Tisch und redet sich in Rage, Schaum vor dem Mund. Wie ein apokalyptischer Märtyrer schwitzt er sich buchstäblich die bösesten Sünden der schwarzen Gesellschaft heraus. Da spricht jemand aus den Niederungen der bayerischen Unschuldsseele und lässt den Bonzen und Alt-Nazis keine Chance auf Entrinnen. Gegen Zimmerschied wirkt das *Derblecken* auf dem Nockherberg wie ein Kinderprogramm, denn sein Witz ist von

Der Kabarettist Sigi Zimmerschied

schier wienerischer Gnadenlosigkeit, mit dem Hang zur masochistischen Selbstzerfleischung valentinscher Art. Zimmerschied ist der Dolchstoß für das pervertierte *Mir san mir*.

Bleibt ein hämischer Trost: Wer sich da nicht angesprochen fühlt, hat bereits enorm dazugelernt.

Apropos: Es war der Oberammergauer Ludwig Thoma, der sich mit allen möglichen Dialekten anfreundete, einen sechsten Sinn für ihre Eigenarten hatte und, ob Schwäbisch oder Kölsch, sie mit großer Lust auch sprechen konnte. Von wegen also Intoleranz, wenn man nur neugierig bleibt.

DER MÜNCHNER SPRACHRITTER

Richtig ernst wird der Spaß allerdings bei Karl Valentin und Liesl Karlstadt. Von wegen Lachen. Von wegen zwei linke Hände. Was für Don Quijote die Windmühlen in der Mancha, das ist für Karl Valentin das Quietschen der Scharniere des Münchner Alltags in der Au. Da wird das ganze Leben *derfieselt** und *derbleckt*, und zwar so konsequent, dass kein Topf auf keinen Deckel nicht passt. Bei Valentin geht immer alles total kaputt. Eine kleine unbedachte Formulierung wird gnadenlos zur geplanten Katastrophe. Rohe Lebenskunst als in Komik verpacktes Drama. Sprachkunst.

Wahrscheinlich geht das nur, wenn man selbst richtig arm ist, sich proletarisch fühlt und von allen unverstanden und gefangen vom notorisch misslingenden Alltag (der nichts anderes als das Leben ist und unser eigenes Theater), wenn man wie Valentin den einfachen *Manner- und Weiberleit'* ihre Sorgen aus dem Herzen spült und selber den Kopf hinhält für das kleine Leben des kläglichen Scheiterns.

Eigentlich ist Valentin völlig untypisch für das bayerische Grundgefühl der aussitzenden Genügsamkeit. Die unnachahmliche Pedanterie des Wortklaubens ist sein voller Ernst und ein *Schau'n mer mal* hat keine Chance. Die chronischen Missverständnisse mit Liesl Karlstadt sind die stets bis zur bitteren Neige geführten Dialoge mit dem Scheitern, das sie in den hauptsächlichsten Nebensächlichkeiten ausfindig machen, um sie schließlich in den Rang der nebensächlichsten Hauptsächlichkeiten zu treiben. Die Menschen johlen vor Entzückung über die unaufhörliche Pointenorgie, weil sie in diesem Moment die unerträgliche Leichtigkeit des Scheiterns gelassen hinnehmen. So gibt die valentinsche Selbstinszenierung dem Volk die Illusion der Freiheit von seiner Betroffenheit, wie Feuchtwanger in »Erfolg« schreibt:

»Die Oktoberfestschaubude« von 1920:
Karl Valentin im Pierrot-Kostüm, Lisl Karlstadt als Impresario, Bertolt Brecht an der Klarinette

»Seltsam, wie vor der simplen Eindringlichkeit dieses Schauspielers Hierl die Zuschauer gleich wurden. Ihre Einzelsorgen, Einzelfreuden versanken. (...) Wie die Köpfe mit gleichmäßiger Bewegung der Bewegung des Schauspielers auf der Bühne folgten, so reagierte mit gleichmäßiger Schadenfreude ihr Herz auf die erfolglose Bemühung des mürrischen Menschen auf der Bühne. Ja, untergingen alle andern vielfältigen Interessen der tausend Sinne des dichtgefüllten Saales in der einen schallenden Freude über das Mißgeschick des geschminkten, verdrießlich sich abarbeitenden Hanswursten.«

Ach, die Schadenfreude, wie bayerisch! Die Illusion der Verlagerung von des Volkes Problemen auf die Bühne erhält das *Mir san mir* aufrecht: *Ja schaugt's den o!* Valentin gibt buchstäblich sein Fleisch hin für die trostlose Erkenntnis, dass er den Reflexen des Lebens nicht viel mehr als den beißenden Witz abgewinnen kann. Im Monolog »Ich bin ein armer magerer Mann« heißt es:

»Aber die größte Gaudi war das, wie ich zur Musterung hab gehen müssen, also haben die da drobn a Gaudi ghabt, wie s'mich gsehn haben. – Net, und ich hab doch, wenn ich auszogn bin, so Rippen da drüber, quer rüber, mich hat halt früher meine Mutter zum Meerrettichreiben hergnommen – kurz und gut, wie die mich gsehn haben, habns' gsagt: Ja, Kerl, Sie kommen ja daher wie a Bahnwärterhäusl aus Wellblech.«

Das Leben wird sprachlich traktiert. Valentin ist ein urbajuwarischer *Dada*, und es kann als sicher gelten, dass alle, von A(chternbusch) bis Z(immerschied), von ihm gelernt haben. Absurdes und anarchisches Theater in das gemeine Volksstück gepackt und dieses in den hundsgemeinen Alltag zurückgespiegelt, das ist alles andere als zum Lachen. Und doch, Valentin erleichtert die Volksseele, weil er für Augenblicke die Illusion aufrecht erhält, dass dieses Leben noch zu begradigen sei. Auch wenn es sich nach den Veranstaltungen nicht begradigt. Die Spirale der spastischen Versehen macht die ausgedorrte Fragezeichengestalt nicht gesünder – dafür aber das Publikum immer ein *bisserl* klüger.

Es ist aber mehr als »das Missverständnis«, was da spielt. Es ist die verflixte Scheuklappe der Egozentrik, die Valentin befreit. Dafür tilgt er jede Höflichkeit, jeden Gesprächsfluss, um das unglückliche Tun für eine kleine Ewigkeit auszuwalzen. Er zwingt dem ausgestanzten Detail seine eigene Sprachlogik auf. Jeder Dialog hat die Penetranz zweier sturer Monologe, vorgeführt im vorwurfsvollen Du-Depp-Gewand. So ist Realität schließlich zerpflückt, alles ist Abbruch und *Derfies'ln* von Meinungsfetzen im Glaskasten des Alltags. In den wird das Publikum stets hineingezogen, ist hellhörig nur für die erwartbare Pointe und womöglich für die eigene Rolle darin. Valentins Bühne ist das gespielte Leben, im steten Unterton hoffnungsvoller Verzweiflung:

»Die Zukunft ist auch nicht mehr das, was sie einmal war.«

Ist das nicht ein tiefernster Satz.

Karl Valentin und Liesl Karlstadt, die heute im »Musäum« am Isartor und auf dem Viktualienmarkt verewigt sind, haben bayerische Wellen von Epigonen hervorgebracht. Dafür mussten Formate her, um der – ernst gemeinten! – Komik Gehör zu verschaffen. Das *Derblecken* auf dem Münchner Nockherberg bei der Paulaner Bräu ist das Ritual, in dem sich die Verunglimpfung des politisch Unliebsamen eine legalisierte Form gegeben hat. Wer weiß, ob es die bayerische Komik ohne Valentin zur Größe dieser Selbstvorführung gebracht hätte.

»Das sogenannte Derblecken ist eine bayerische Grundtugend«, sagt Ottfried Fischer, »und wenn es einen erwischt, der kann noch so hoch sein in Staat, Partei oder Klerus: die Leute haben eine riesen Gaudi, wenn es gezündet hat.«

Er muss es ja wissen, denn in »Ottis Schlachthof« vereinigen sich Intelligenz und Tradition, wenn sich die blitzgescheite Szene in gepflegter Gemütlichkeit trifft, bei einer *Hoib'n*, und ihre Opfer ausschlachtet.

Mit der Kultur des *Derbleckens* auf dem Nockherberg hat man dem politischen Drama eine große, ziemlich öffentliche Bühne gegeben. Das Volk, verkörpert im »Salvatorredner«, in der Rolle des Bruders Barnabas, im Singspiel usw., knüpft sich seine Herrschaften einmal richtig vor. Wie das *Aufzwick'n** auch, lässt es noch das Quäntchen Spielraum, um aus der Nummer noch mit gewahrtem Gesicht herauszukommen. Es wird anständig *hi'g'langt*, aber man lächelt dabei. Alles, was die Politik dem Gewissen entfremdet und im Beichtstuhl ausgelassen hat, kommt auf die »bayerische Bütt«, in eine Art politisches Fegefeuer. Die gleichen Politiker, die zuvor beim politischen Aschermittwoch in Passau und Vilshofen noch die großen Sprüche *gekloppt* haben, finden auf dem Nockherberg ihre Retourkutsche. Dort erreicht der politische Lokalwitz sein höchstes Niveau an hinterfotziger Ehrlichkeit, denn es geht ans Eingemachte. Das Perfide daran ist, dass für den *Derbleckten* keine Chance besteht, nicht dabei zu lächeln. Man muss, um *'s G'sicht* zu wahren, einfach mitgrinsen, den Röntgenblick der Kameras aushalten, während die in Satire getunkte Wahrheit, beißend wie Ameisenpisse, auf einen *hereinbieselt*. 2011 war mit der niederbayerischen Kabarettistin Luise Kinseher zum ersten Mal eine Frau Salvatorredner. Sie trat als Landesmutter Bavaria auf – mit hintergründigem Charme und nicht gar so derb wie ihre Vorgänger Django Asül und Bruno Jonas.

Dauergastgeber ist der Münchner Oberbürgermeister. Bei Christian Ude liegt der Fall besonders delikat. Denn der bürgerliche Monarch und Ober-*O'zapfer* wird auch vom Kabarettisten, der er eigentlich ist, mitregiert. Schon als Betroffener der Zunft muss er *alles* aushalten können, bei »Heppel & Ettlich« als Akteur, auf dem Nockherberg als *Derbleckter*. Neidvoll schaut die CSU-Phalanx zu ihm – hinauf. Zu gern würde auch sie es sich einteilen können, wann die Politik am Zuge ist und wann das Kabarett.

Der Witz beim sitzenden Witz in Bayern ist, dass es ganz heftig kommt und trotzdem kein Krieg ausbricht. Sigmund Freud hätte seine Freude daran. Ein hoher Politiker zu sein, der im Fernsehen immer mehr vorgeladen als eingeladen wirkt (in der Tat gilt das Event Nockherberg als »unschwänzbar«), geht einher mit der Fähigkeit, auch die größte Schmach noch demokratisch lächelnd zu ertragen. An einem einzigen Abend werden der Politik die Leviten gelesen, als würden die Debatten im Bayerischen Landtag jedes Mal aufs Neue zu Kaltstartübungen für den Nockherberg degradiert.

Doch für Trost ist in jedem Fall gesorgt: Schließlich fließt der »Salvator« in die tief verletzte Seele, zumindest für siebzehn Tage.

SCHATZTRUHE HEIMAT

Sind wir nun in Bayern, gar München, dort, wo Heimat ist? Zwischen der Sehnsucht, die Stadt auslöst, und dem Frieden, den Land bietet, liegt ein Magnetfeld: Die Lobeshymnen auf München stehen für eine Art Mitnahmeeffekt für das Land; die Lobeshymnen auf das Land stehen für eine Art Gewissensprüfung für die bayerischen Städte, allen voran München. Es soll – für München – nicht ausgereicht haben, ein Oktoberfest nach Bierhektolitern, Wohlstand aus dem Dax-Ranking, Selbstbewusstsein aus Olympiazuschlägen zu generieren; und es soll – für das Land – nicht Genüge tun, Harmonie aus Bierruhe, Glauben aus Klöstern, Originalität aus dem Eros des Dialekts zu erklären.

Aus den Anziehungen und Abgrenzungen entwickelt sich eine spezielle mentale Software im Münchnerischen Turbogetriebe und im bayerischen Echtzeitgemüt: die Kunst, die Wirtschaftskraft, das Heimatgefühl – das macht den Zauber zwischen Laptop und Lederhose aus. Diese Software hat mit *Heimat* zu tun.

Bayern war lange Zeit von Unschuldsseelen bewohnt. Oskar Maria Graf zitiert die Bauern, denen man den Ausbruch des Deutsch-Französischen Kriegs 1870/71 mitteilt, so:

»Hm, jetzt Krieg? So mitten im Sommer, wo die meiste Arbeit ist?«

Sie nehmen die Zeit als »ewigen, gleichmäßigen Wandel ohne Staunen und Ergriffenheit wahr«. Auch Lion Feuchtwanger zeichnet in »Erfolg« langsame, träge Menschen der 1920er Jahre, »nicht willens, für die Zukunft zu schuften, hingen sie an behaglich derbem Genuß. Sie liebten das Gestern, waren zufrieden mit dem Heute, haßten das Morgen.«

Doch Feuchtwangers München-Roman zeigt – es soll nicht wundern –, dass München und Bayern im gleichen Boot sitzen: »Das Land Bayern ist der eigentliche Held meines Romanes.«

Heute ist Bayerns Heimatgefühl nicht mehr so leicht verführbar. Konnte Thomas Mann – im »Doktor Faustus« (1947) – noch im »Gemüt« den Grund vermuten, wo Gemütlichkeit in Gemütskrankheit umschlägt, wo es verfesselbar und in geistiger Gefangenschaft dann eben korrupt wird, ist heute der Bayer, der sein Land liebt, emanzipierter, wenn man so will notwendig »grün« im Sinne von bodenständig und naturliebend. Er hat die Tugend der Selbstverteidigung erworben. Aber München hat auch den Stress des *Mir san mir*-Syndroms ausgebildet, das ihm die gemischten Zeiten der Wittelsbacher, der Bohème, der Räte und von Olympia mitgegeben haben. Seitdem zeigt Stadt, was geht, und Land, was bleibt. Eine Gratwanderung. Viele Städte kippen in den Fortschrittsdrall, viele Dörfer in das Idyll. Die Schere klappt auseinander und doch haben sie klammheimlich Sehnsucht aneinander, so wie eben München das Land liebt und das Land sich gerne auch mal urban brüstet.

Ich rufe zum Schluss meiner Betrachtungen und Erzählungen nochmals einen Paten auf, der uns die typisch bayerische Energie ins Gewissen ruft: Oskar Maria Graf. Kein anderer schafft es, zwischen den Parallelwelten des Emotionalen und des Politischen, zwischen Stadt und Land zu makeln. Seine Texte zeigen, wie weich der Kern des Bayern ist. Er war selber ein *kracherter* Kerl, ein *Prack'l** von einem Mann, laut und jovial, mit einem verwilderten Lachen und von einem kernigen, wahrhaft rustikalen Aussehen; dann aber auch diese Gemütstiefe, die eigentliche Energiequelle, »uns zu ›erden‹«, wie Konstantin Wecker im Vorwort zu den »Kalendergeschichten« über Graf schreibt. Keiner wie er kann den Spagat weiter aufmachen zwischen dem bäuerlichen Landleben und dem Willen zum Wandel, zwischen Volksseele und Volkswut. Graf ist gleichsam zweifach zuhaus', im einfachsten Tao von Müh' und Arbeit genauso wie im Aufbruch der Münchner Räterepublik. Eigentlich finden wir nur bei ihm so etwas wie eine nachvollziehbare Durchschauung all der das bayerische Volk so prägenden Zweipoligkeit zwischen Frömmigkeit und Aberglaube, zwischen Echtheit und Scheinheiligkeit (Graf spricht von »krankhafter Bigotterie«), zwischen Gutmütigkeit und Güte.

Graf kommt diesem »Weltinnenraum« (das schöne Wort kommt von Rilke) bayerischer Befindlichkeiten zwischen Naturtakt und Erfolg sehr nahe, vor allem im Hauptwerk »Das Leben meiner Mutter« (1940). Weitab von dem, was er als Heimat empfindet, in New York, lüftet er in der Figur der Mutter so etwas wie ein Rätsel. Sein eindrucksvolles Psychogramm der Mutter ist eigentlich ein Soziogramm. Er bleibt dabei nicht in Mutterliebe haften, sondern ordnet ihre Güte und Gestaltungsenergie in den Wandel der Zeit. Was Bloch mit dem »Gedeihlich-Gelingenden« beschrieben hat, ist für Graf das »Schöpferische«, in dem sich Arbeit und Leben zum Ausdruck bringen. Folgen wir diesem Gedanken, fällt plötzlich auf, dass der Bayernkultur eine Energie innewohnt, die das Jugendhaft-Erfinderische aus dem Zu-Bewahrenden schöpft. München wäre hierin das perfekte Mischprinzip zwischen Lebenskunst und Heimat. Auch wenn es seltsam klingt: Marx hätte hier vom »Wärmestrom« der Wittelsbacher sprechen können, wo Kunst und Volkskultur ihre erste Chance bekommen haben – schon unter Monarchie-Bedingungen; und vom »Kältestrom« im übermütigen Ehrgeiz, der Jagd nach Trophäen. Alles Herzhafte, Beherzte und Geherzte an den Bayern kommt aus dem Einklang der vermeintlichen Widersprüche zwischen Heimat und Erfolgsbesessenheit. Die Verteidigungsmentalität des *Mir san mir* hört auf, ein Widerspruch in sich selbst zu sein und verliert an Reiz und Spannung nicht.

Ausgerechnet seine zwölf richtig satt machenden Spaziergänge durch die Geschichte des leuchtend-literarischen »München« schließt der Literaturwissenschaftler Gerd Holzheimer mit dem berühmten Bloch-Zitat, dass Heimat sei, »was allen in die Kindheit scheint und worin noch niemand war«. Der Chronist verbindet es mit dem Hinweis, der pfälzische Bayer habe die Urgründe seiner Philosophie im Isartal gefunden. Dieses Rätsel von vielsinniger Heimat, das nie aufhört, Fragen aufzuwerfen und zu stellen, möchte ich einmal so auflösen:

Die *Heimat der Daheimgebliebenen* staut sich in Schränken, Truhen, Kommoden, Alben und Kellern; ihr Gedächtnis hat einen Ort namens Idylle und ist nichts als Gegenwart.

Die *Heimat der Gegangenen* ist in Koffern gelandet; ihr Gedächtnis hat einen Ort namens Sehnsucht und ist nichts als Zukunft.

Womöglich bricht der eine ja noch mal auf und kehrt der andere ja noch mal zurück. Was sie jedenfalls verbindet, ist das »Heimatgefühl«, eingelöst und unerfüllt. Nach fünfzig Jahren taucht das blochsche Zentralzitat wieder in der »Süddeutschen« auf, wo von der Renaissance des Heimatgefühls in Zeiten der Globalisierung die Rede ist. Heimat gibt Halt und hört auf, ein gemischtes Gefühl zu sein.

Erst darin mag München weiter leuchten, mit seinem unwiderstehlichen dörflichen Charme im Weltformat.

NACHSCHLAG

In vermutlich schon naher Zeit wird dieses Buch Makulatur sein. Denn auch in Bayern werden sich die nichttrinkenden und nichtrauchenden und nichtsauenden und unempfindlich gegenüber aller Lebenslust gewordenen Kulturbanausen und Fortschrittsphantasten, die unachtsamen Feinde der Kultur der Gemütlichkeit, mutmaßlich durchgesetzt und der unbestechlichen bayerischen Seele ihren Willen aufgezwängt haben. Immerhin, und als ob das ein Trost wäre, werden die Nostalgiker des Unvergänglichen das Schöne, das Naturhafte, das Gemütliche im Museum noch besichtigen, vielleicht sogar nachempfinden können. Von Bayern, der Realillusion des *Mir san mir*, wird München übrig geblieben sein – wer weiß, in welchem Zustand.

Apropos Museum: Lion Feuchtwanger schreibt in einer Schlussbemerkung in »Erfolg« – 1930 –, dass das von ihm verwendete Material über die Sitten und Gebräuche der altbayerischen Menschen seinerzeit im »Miesbacher Anzeiger« erschienen sei. Das Blatt sei aber nur noch im Britischen Museum und im Institut zur Erforschung primitiver Kulturformen in Brüssel erhalten.

Ach ja, bliebe noch die Suggestivfrage Wolfgang Koeppens zu beantworten: »Muss man München nicht lieben?«

Fei scho! Aber Bayern aa.

GLOSSAR

Die Schreibweise des bairischen Dialekts muss notwendig subjektiv bleiben, dafür sind die Facetten der regionalen Eigenheiten zu weitläufig. Es ist wie bei einem Baum mit seinen Ästen und Zweigen.

altwederisch: altmodisch
ang'langen: anfassen
aufzwick'n: jmd. a.: necken, aus der Reserve locken
ausg'schissen: man hat a.: man hat sich's verdorben
Bluatwies'n: Blutwiese, symbolisch für Kampfwiese zum Duellieren
bousern: schimpfen
Brettl: Kleinkünstbühne (wonach »Bretter die Welt bedeuten«)
Bulldog: Traktor
Deifi: Teufel
derblecken: jmd. d.: jmd. den kritischen Spiegel vorhalten (von »Zähne blecken«), auch: verspotten
derfieseln: zerklauben, auseinandernehmen
derschmatz'n: man d. sich über einen: man zieht über einen her
drent'n: drüben
Dult: Feier, Jahrmarkt (ursprünglich: Kirchenfest)
Erdäpfel: Kartoffel (auch österreichisch)
Fahndl: Fähnchen
FJS: Franz Josef Strauß
flacken: faul daliegen, rumhängen
Fotz'n: Ohrfeige, Gesicht
Fratz'n: freche und zugleich liebenswürdige Kinder
g'eifert: es wird g.: man ist eifersüchtig
Gekrat'l: Gemotze, herumkrat'ln: herummosern
g'langt: es g.: es reicht
g'miatlich: gemütlich
g'neid'lt: es wird g.: man ist neidisch
Grant: Unzufriedenheit als Grundstimmung
Großkopferter: wer politischen Einfluss hat und/oder reich ist und das nicht verbirgt
G'schaft'lhuber: einer mit gesteigertem Ehrgeiz, Rechthaber
g'scheit: gescheit, hier: richtig, vollständig
g'schert: gemein, patzig
g'schmackig: wohlschmeckend
g'spaßig: spaßig, zum Spaß
g'stöck'lt: geronnen
g'sturschädlert: stur
G'wand: Gewand, Kleider
Händlmaier, Luise: die Regensburgerin entwickelte eine besondere Rezeptur für den süßen Senf
hi'g'langa: hinlangen
hinterfotzig: hinterlistig, von falscher Art
Hirschlederne: Lederhose aus Hirschleder
Hofpfisterei: Münchener Filialbäckerei, die sich auf die Herstellung von Backwaren aus ökologischer Landwirtschaft spezialisiert hat
Hoibe: 0,5 Liter Bier
Kearnd'l: Körner
Kini: König, gemeint ist Ludwig II.
Kirta: Kirchweihfest

Kracherl: Limonade (wegen der kracherten Kohlensäure)
krachert: laut, auffällig
krat'ln: kritisieren, herummosern
Kren: Meerrettich (auch österreichisch)
Lackel: unbeholfener Mensch, Tölpel
lackeln: (sich unter einen Tisch) werfen, lümmeln
Lederbux'n: Lederhose
Letsch'n: Gesicht, Gesichtsausdruck
LMU: Ludwig-Maximilians-Universität München
Lüftlmalerei: Kunstform der illusionistischen Fassadenmalerei, v.a. in Oberbayern und in Tirol
Marterl: in Süddeutschland und Österreich für religiöses Kleindenkmal, Bildstock (z.B. kleines Kreuz)
Minga: München (Mingerer: Münchner)
Mistkratzerl: frei laufendes Huhn
O'batz'da: mit Camembert, Zwiebeln, Bier, Kräutern und Gewürzen angemachter (o'g'machter) Käse (von Baatz = Brei)
Ohrwasch'ln: Ohren
Prack'l: gut gewachsener Kerl (von Prachtkerl)
Pratz'n: Finger, Hände
Preiß': Preuße, alle »Nordlichter«, insbes. die Berliner. Steigerung: Saupreiß'
Radi: Rettich
rösch (oder: resch): knusprig
Sacherl: kleiner Betrieb, Bauernhof
Schäfflertanz: Münchner Zunfttanz der Schäffler (Fasshersteller), hier: Tanzfiguren am Glockenspiel des Münchner Rathauses)
schmatz'n: reden
Sechz'ga: TSV 1860 München
seïm'zog'n: eigenwillig (von selbsterzogen)
staad: still, zurückhaltend
stierng'nackig: mit Stiernacken
Wad'lbeißer: jemand, der bissig sein kann, einen nicht in Ruhe lässt
Wahnmoching: steht für Schwabing
Waldler: Menschen aus dem Bayerischen Wald
Zuag'roaster: Zugereister, Fremdling
zuwa: her, herbei
zuz'ln: (aus)saugen
z'wider: zuwider, schlecht gelaunt
Z'widerwurz'n: ein Mensch mit schlechter Laune
Zwiefacher: Volkstanz mit schnellem Dreh- und Walzerrundtanz

LITERATUR

BARTHES, ROLAND: *Mythen des Alltags*, Suhrkamp Verlag, Berlin 2010

BERNDT, CHRISTINA: *Im Wohlfühl-Ort*, Süddeutsche Zeitung, 30. Dezember 2010

BRONNEN, BARBARA: *München. Bierschaumwölkchen und Frauen-Türme*, mit Illustrationen von Cornelia Seidlein, Sanssouci, München/Wien 2005

CAROSSA, HANS: *Das Jahr der schönen Täuschungen*, Insel, Leipzig 1942

CHRIST, LENA: *Erinnerungen einer Überflüssigen*, Deutscher Taschenbuch Verlag, München 1987

DERING, FLORIAN / EYMOLD,URSULA (HG.): *Das Oktoberfest 1810–2010*, Süddeutsche Zeitung Edition, München 2010

DIESS, WILHELM: *Das Geständnis*, Kösel, München 1976

DIETL, HELMUT / SÜSKIND, PATRICK: *Kir Royal. Aus dem Leben eines Klatschreporters*, Heyne, München/Hamburg 1986
– *Monaco Franze. Der ewige Stenz*, Albrecht Knaus, Hamburg 1983

EICH, GÜNTER: *Botschaften des Regens. Gedichte*, Suhrkamp, Frankfurt am Main 1996

FEUCHTWANGER, LION: *Erfolg. Drei Jahre Geschichte einer Provinz*, Aufbau, Berlin 1996

FLEISSER, MARIELUISE: *Abenteuer aus dem Englischen Garten. Geschichten*, Suhrkamp, Frankfurt am Main 1973

GLASER, HUBERT (HG.): *König Ludwig I. von Bayern und Leo von Klenze. Der Briefwechsel. Teil III: Nach dem Thronverzicht König Ludwigs I.*, Quellen zur Neueren Geschichte Bayerns V, München 2011

GÖTTLER, NORBERT: *Der Blaue Reiter*, Rowohlt Verlag, Reinbek bei Hamburg 2008

GRAF, OSKAR MARIA: *Das Leben meiner Mutter*, Deutscher Taschenbuch Verlag, München 2008
– *Kalendergeschichten*, mit einem Vorwort von Konstantin Wecker, List, Berlin 2009

GRUBER, THOMAS (HG.): *Ansichtssache Bayern. Annäherungen an eine Heimat*, Societäts-Verlag, München 2010

HALBE, MAX: *Jahrhundertwende. Erinnerungen an eine Epoche*, Langen Müller, München/Wien 1976

HEISSERER, DIRK: *Ludwig II.*, Rowohlt Verlag, Reinbek bei Hamburg 2003

HORVÁTH, ÖDÖN VON: *Kasimir und Karoline. Volksstück,* Suhrkamp, Frankfurt am Main 2008

JUST, RENATE: *Krumme Touren 3. Reisen in die Nähe in Niederbayern,* Antje Kunstmann, München 2007

KOEPPEN, WOLFGANG: *Muß man München nicht lieben?*, mit Photographien von Isolde Ohlbaum, Insel, Frankfurt am Main 2002

Ders.: *Tauben im Gras,* Suhrkamp, Frankfurt am Main 1981

KOLB, ANNETTE: *Die Schaukel*, mit einem Nachwort von Joseph Breitbach, S. Fischer, Berlin 1934

KUFELD, KLAUS: *Reisen. Ansichten und Einsichten,* Suhrkamp, Frankfurt am Main 2007
– *Der kulinarische Eros. Geschichten über die Seele des Kochens und Essens*, Edition Splitter, Wien 2009

LICHNOWSKY, MECHTHILDE: *Kindheit,* Kösel, München 1979

MACCORMACK, R.W.B.: *Tief in Bayern. Eine Ethnographie,* Goldmann, München 2008

MAGRIS, CLAUDIO: *Donau. Biographie eines Flusses,* Deutscher Taschenbuch Verlag, München 2007

MAIGLER, PETER: *Oktoberfest! Ein literarischer Wiesnbummel*, Insel, Frankfurt am Main/Leipzig 2008

MANN, THOMAS: *Doktor Faustus,* Fischer, Frankfurt am Main 2007

Ders.: *Die Erzählungen,* Fischer, Frankfurt am Main 1986

MAYER, HANS: *Stadtansichten. Berlin, Köln, Leipzig, München, Zürich,* Suhrkamp, Frankfurt am Main 1989

Niederbayern, Geh weiter!, brand eins: Neuland, Heft 03/Juni 2008

SOMMER, SIEGFRIED: *Blasius geht durch die Stadt. Münchner G'schichten aus unserer Zeit,* Süddeutscher Verlag, München o.J.

TOLLER, ERNST: *Eine Jugend in Deutschland,* Rowohlt Verlag, Reinbek bei Hamburg 2002

TILL, WOLFGANG / WEIDNER, THOMAS (HG.): *Typisch München! Das Jubiläumsbuch des Münchner Stadtmuseums,* Edition Minerva, München 2008

VALENTIN, KARL: *Gesammelte Werke in einem Band,* Hg. von Michael Schulte, Piper, München 1985

WEDEKIND, FRANK: *Die Tagebücher. Ein erotisches Leben,* Athenäum, Frankfurt am Main 1986

NAMENS- UND ORTSREGISTER
(ohne München)

BILDNACHWEIS

akg-images: S. 70, 124; Artothek: S. 60 (rechts); Jörg Block und ZEIT-Magazin: S. 105; Robert Brembeck: S. 82/83; Fotofinder: S. 143; Klaus Kufeld: S. 40; Pressefoto Kunz: S. 121; laif: S. 26, 32/33; mauritius images: S. 2, 4/5, 52, 66, 78, 110; Peter Hinz-Rosin: S. 132; Birgitt Schlauderer: S. 135; Marden Smith: S. 43, 46; ullstein bild: S. 12, 56/57, 60 (links), 98, 109

DANK

Für Gespräche und Anregungen danke ich:
Mariangela, Stefanie Kufeld †, Üdi & Petra,
Alban und Armin Heinrichsdobler, Familie Kandlinger
in Wolfing, Hans-Jörg Mayer, Werner Mayer,
Marlis & Joachim, Frank Degler. Eva Dobler von
der Buchhandlung Nickel & Spitzenberger in Pocking
hat den Text gelesen und mir den Spiegel vorgehalten.
Besonders: Rainer Groothuis sowie für
umsichtiges Lektorat Burkard Miltenberger.

Servus

CORSO 17

KLAUS KUFELD

Mir san mir

1. AUFLAGE IM SEPTEMBER 2011

GAUSSSTRASSE 124–126, 22765 HAMBURG

UMSCHLAGABBILDUNG: BREZEL MIT SALZ © FOTOLIA.DE

© DER ABBILDUNGEN: SIEHE BILDNACHWEIS

AUSSTATTUNG / GESTALTUNG:

GROOTHUIS, LOHFERT, CONSORTEN | GLCONS.DE

GESETZT AUS DER FAIRFIELD

LITHOGRAFIE: FRISCHE GRAFIK, HAMBURG

GEDRUCKT AUF SCHLEIPEN FLY DURCH GUTENBERG BEUYS, HANNOVER

UND GEBUNDEN VON INTEGRALIS, HANNOVER

ISBN 978-3-86260-029-8

MEHR ÜBER IDEEN, AUTOREN UND PROGRAMM DES VERLAGES

FINDEN SIE AUF

WWW.CORSO-WILLKOMMEN.DE